香港的焦慮

在歷史轉折中的人與地

嚴飛

推薦語

呂大樂

嚴飛長期觀察香港，有遠望，亦有近觀。對於社會、政治，以至文化的轉變，他都作出了回應，當中不乏有趣洞見的觀察。

沈旭暉

嚴飛也許是我遇過的最愛香港的內地友人，那種情懷，永遠令人感動。本書點出種種困擾香港人的焦慮，無論對香港還是內地讀者，都是久違了的超然視角，值得推薦。

目錄

馬家輝

依憑社會學家的銳利之眼，以及生活和工作於香港的數年體驗，以及，一顆老老實實的心，嚴飛傳達了他對香港的感情和關心。這是老實之書，更是溫暖之書。

焦慮的來歷

香港大陸化，還是大陸民主化

一、五十年之後還要變甚麼？

對於香港而言，「一國兩制，港人治港」的核心，就是鄧小平所承諾的「五十年不變」。

但是五十年之後呢，又該怎麼變呢？鄧小平的原話，「我們在協議中說五十年不變，就是五十年不變。我們這一代不會變，下一代也不會變。到了五十年以後，大陸發展起來了，那時還會小裏小氣地處理這些問題嗎？所以不要擔心變，變不了[1]。」「五十年以後更沒有變的必要。香港的地位不變，對香港的政策不變[2]」。

對於五十年不變，人們似乎已經理解了。但是，為甚麼「五十年以後更沒有變的必要」呢？其時的鄧小平，在心裏已經對未來香港和大陸的政治發展預設了一個比較明晰的路徑。1987年4月16日，鄧小平在會見香港特別行政區基本法起草委員會委員時明確指出：「即使搞普選制，也要有一個逐步的過渡，要一步一步來。我向一位外國客人講過，大陸在下個世紀，經過半個世紀以後可以實行普選。[3]」1988年6月3日，鄧小平在會見「九十年代的中國與世界」國際會議全體與會者時，更進一步強調了香港與大陸的政治關聯效應：「為甚麼說五十年不變？這是有根據的，不只是為了安定香港的人心，而是考慮到香港的繁榮和穩定同中國的

發展戰略有著密切的關聯。中國的發展戰略需要時間,除了這個世紀的十二年以外,下個世紀還要五十年,那末五十年怎麼能變呢?現在有一個香港,我們在內地還要造幾個『香港』,就是説,為了實現我們的發展戰略目標,要更加開放。既然這樣,怎麼會改變對香港的政策呢?實際上,五十年只是一個形象的講法,五十年後也不會變。前五十年是不能變,五十年之後是不需要變。所以,這不是信口開河₄。」

很明顯,鄧小平的言下之意,是指中國和香港在民主化問題上是同向異速的——相同的方向,不同的速度₅。香港的命運必然是和大陸緊密聯繫在一起,而大陸在國家制度建設和政治領域開放的趨勢又是無可規避的。黃河九曲,終向東流。「再造幾個香港」,這表現出鄧小平對於香港政治和經濟整體表現的充分肯定,對香港政治體系有學習仿效的意願₆。鄧小平親手放開了市場經濟,在某種意義上為民主奠定了物質基礎,如果沒有這樣的基礎,那也無法使民主的大廈建立起來。市場經濟,最後是一定會走向民主化這條路的。所以,從這個意義上來説,五十年之後,變的不是香港,而是內地。等到法制的傳統、民主的理念、自由的精神在大陸全面普及,等到大陸也按照設計的時間

1　中共中央文獻編輯委員會:《鄧小平文選》第3卷(北京:人民出版社,1993),頁72-73。

2　《鄧小平文選》第3卷,頁215。

3　《鄧小平文選》第3卷,頁220。

4　《鄧小平文選》第3卷,頁267。

5　關於中港「同向異速」的政治發展模式,參看葉國華:《香港民主之路》(香港政策研究所,2004)。

6　吳國光:〈中國政治變革中的「香港效應」〉,《二十一世紀》,第50期(1998年12月),頁29-35。

表施行普選國家領導人 (鄧小平給出的普選時間表是2050年左右，意即還有40年時間)，香港還需要變甚麼？

但是伴隨著1989年六四事件的衝擊，香港的民主政治發生了巨大轉變。一方面，香港人大規模投入到支持國內的民運運動之中，甚至不少傳統親中人士也加入到聲援民主運動的行列，追求民主成為港人表達對北京政府不滿及對香港前途缺乏信心的宣泄管道。另一方面，政黨政治在香港起步。原先鬆散的各民主派參政團體組織，在八九民運的催生下，團結起來，以建立有完整政綱或黨章的民主派政黨為目標，以抵抗可能面臨的中國政府的壓力。香港市民支援愛國民主運動聯合會 (支聯會) 在這樣的背景下成立，直接以金錢和物資的形式支持民主運動；民主派政團匯點、太平山學會和香港民主民生協進會 (簡稱民協) 醞釀「三會合一」，成立一個大的民主派政黨，匯聚資源以擁有更大規模的群眾動員能力。1990年4月，三會的部份成員聯合成立了香港民主同盟 (港同盟)，李柱銘擔任主席，由是宣告香港第一個本地政黨的誕生[7]。

香港民主運動的蓬勃發展令中央政府對香港民主派大為敵視。中央在草擬《基本法》時的基本構思，是成立一個沒有政黨背景的行政長官和高素質的公務員隊伍的政治管理體系。在中央看來，香港不需要發展政黨政治，有組織有動員能力的成熟政黨，很容易成為難以控制的反對派[8]。香港民主派政黨的興起及壯大，令中央不得不憂慮香

港的民主力量會威脅到中國內地的管治，並最終將從政治
層面導致中國內地的不穩定。李柱銘等民主派領袖因此被
斥責為「反中亂港」，而香港也一度被指責可能成為顛覆中
國的民主基地。在這樣的背景下，「再造幾個香港」這一願
景至少在政治層面已經成為一紙空談，而「五十年不變」以
後的中國大陸會發展到甚麼程度，是否會如鄧小平所言般
走向一個穩定的、有序的、民主和法治的政治情境，也變得
難以預測。

二、國家視野VS本土論述

長期以來，在大陸學界的主流論述中，香港的民主派
一直被視為有意抗衡中央政府的對抗力量，從2003年組織
50萬人七一大遊行，2005年爭取普選大遊行，再到去年的
五區公投，這種與中央及建制派「對著幹」的政治執拗導
致了香港內部空轉、虛耗了大量社會資源，是造成香港政
制發展原地踏步的罪魁禍首。民主派政黨一直支持盡快達
至全面民主，行政長官和立法會雙普選成為他們主要的政
治訴求。但是這樣的訴求被認為是為了奪取行政長官大權
的政治伎倆[9]。在北京看來，行政長官是鞏固中央與香港特
區關係最為重要的紐帶，因此必須牢牢把握住對行政長官
和香港政府主要官員的最終任命權，確保香港的行政主導
權只掌握在「愛國愛港者」手中[10]。如果進行普選或過早進

7　馬嶽：《香港政治發展歷程與核心課題》（香港：香港中文大學香港亞太研究所，2010），頁57-58。
8　馬嶽：《香港政治發展歷程與核心課題》，頁64。
9　陳麗君、唐曉玲：〈試論香港政治生態現狀、特點及其原因〉，《當代港澳研究》，2009年第1期，
　　頁183-193。

行普選，就很有可能令民主派掌握權力，進入立法會多數議席，甚至當選行政長官，這便無法保證所選出來的特區政府必然跟中央政府意願相符。如果一旦因此引發政治對立甚至經濟倒退、社會混亂，中央政府就將背負一國兩制失敗的罪名。

其次，香港民主化的發展「並不是民主與否的問題，而是國家利益的問題，是主權的問題，是是否遵守《基本法》的問題，是是否承認中央權威的問題[11]」，所以必須要以「一國兩制」中「一國」的建構為核心，如若忽略這「一國」的政治認同前提，則必然會削弱中央政府的權威性，加深西方世界與中國的對立。這種從中國利益角度出發的國家論述，最典型的代表來自於強世功。他在一組《香江邊上的思考》論文中，明確的指出：「香港政治轉型的動力無疑來源於中央，尤其是1980年代以來的香港回歸……沒有中央政府推動的香港回歸，就沒有香港的政制發展和民主改革。在這個意義上，中央政府是香港的民主派」；「香港民主化問題也是國家建構中的核心問題，在這塊沒有英國人統治的英國殖民地上，使得國家建構中的政治認同變得異常敏感脆弱」；「若要保持香港在一國兩制下的高度自治，同時又要實現行政長官和立法會普選，唯一可行的辦法就是在一國與民主之間達到適度的平和[12]。」作為中國官方的智囊，強的論點無疑代表著中國政府官方的香港論述，嵌套在中國崛起的大框架之中，用國家主權觀去包裹香港問題[13]。

　　與內地國家視野的論述相對的，是強調香港人本土意識、香港民主自治的本土論述。民主、自由和法治是香港社會的核心價值根基；追求民主政制，特別是落實雙普選，是香港民主發展的唯一出路。如若行政長官並非由普選而是由小圈子選舉，亦或者是由中央政府指定的方式產生，則必然會導致香港政府在政治上缺乏認受性，沒有足夠的民意授權去處理具有爭議性的社會議題，香港要做到良好管治就會顯得很困難。而追求民主化，正是為了達成社會公正的目標，所有社會成員共同分享經濟發展的成果，而非由部份權貴階級、裙帶資本掌控社會。《基本法》亦清楚寫明，香港特別行政區行政長官和全體立法會議員將按循序漸進的方式，最終達致由普選產生[14]。從普通香港市民的眼光看，香港回歸十年後才要求施行普選，既有實踐普世價值的正當性，也並沒有違反循序漸進發展民主的原則[15]。但是中央政府卻對香港的民主發展重重設障，不僅促成了諸如小圈子的特首選舉、功能組別佔立法會一半總數、分組點票等各種不義的制度，也通過「釋法」的手段封殺香港市民民主普選的權利。人大常委2004年4月6日釋法，否決了2007-08年雙普選的提議；2007年再次做出「決

10　湯華：「切實保證以愛國者為主體的港人來治理香港」，《人民日報》，2004年2月25日，第十版。
11　宋鄭魯：《香港民主化博弈的背後》，中國選舉與治理網，2010年6月。
12　強世功：《中國香港：文化與政治的視野》（香港：牛津大學出版社，2008），頁174, 178, 182-183。
13　參看陳冠中：〈民族國家、帝國、天朝？〉，《蘋果日報》，2011年2月13日；〈從中國國家利益看香港〉，《蘋果日報》，2011年3月13日。
14　一國兩制經濟研究中心：《中華人民共和國香港特別行政區基本法》（香港：一國兩制經濟研究中心，1992），頁14-19。
15　王家英：〈抗衡多於順從——選舉政治下香港與臺灣對中國大陸〉，《二十一世紀》，第81期（2004年2月），頁20-25。

定」，否決了2012年雙普選，並將普選時間延後至2017年及2020年。

從兩種論述的對立中，我們不難看出香港政制發展所面臨的困境：一方面，中央政府對香港民主派缺乏信任，對香港政治體制進行更根本改革的訴求一直保持謹慎的態度，擔心如果過早實行全面民主和普選制，讓一些激進的民主人士掌握政權，中央的話語權與決定權便會大大減弱，香港就再也不會如以前一樣容易治理。全國人大常委會委員長吳邦國2007年6月在香港《基本法》實施十周年座談會上也強調，香港的高度自治來自中央政府的授權，並非香港特區政府或人民所固有之權力，中央政府對於香港特區政府所授予的許可權幅度決定了後者的實際自治許可權範圍，不存在所謂的「剩餘權利」問題，香港制度更是不能從西方照搬[16]。另一方面，民主派有廣大的民意支持，香港全面民主化也是全體香港市民的共同願望，但是民主派對中央政府也缺乏信任，政治上杯葛之餘，又缺少與中央政府直接談判的籌碼，2003年七一大遊行所累積起來的民主動力，在隨後也並未有轉化成制度上的進步[17]。由此觀之，香港的民主進程其實沒有太多的懸念，在香港各界民主力量的壓力下，北京會對香港民主化的訴求進行必要的妥協和讓步，但終究會在中央政府所操控的既定模式裏，緩慢地實現，而香港特區政府毫無疑問會充當中央決定的忠實執行者，協助中央決定香港的民主命運。

三、政治民主榜樣

　　長期以來，香港一直扮演著推動大陸經濟現代化建設的角色[18]。但是北京也清楚地知道，香港從來不單是一個經濟城市，其經濟以外的作用亦是不言而喻的。

　　香港對中國大陸的輻射影響力巨大，在大陸有超過一億人在收看香港鳳凰衛視，雖然整體而言鳳凰衛視一直被指責為帶有強烈的中國政府色彩，但部份電視節目依然可以通過打「擦邊球」的形式報導；另有超過5000萬觀眾在收看觀點更為銳利的陽光衛視，而比鄰香港的廣東，更是早在八十年代就開始收看本港電視頻道[19]。現時每天約有30萬人次跨越深港邊界，2010年有超過2200萬人次的大陸自由行遊客來到香港[20]。

　　在如此頻繁的資訊擴散和兩地社會交往之下，香港，作為一個政治上的民主榜樣 (political role model) [21]，其民主化的踐行和政制發展無疑將會為未來中國政治體制改革提供一個重要的參考範本。

16　《人民日報》：「深入實施香港特別行政區基本法，把『一國兩制』偉大實踐推向前進：吳邦國在基本法實施十周年座談會講話全文」，2007 年 6 月 7日，第二版。

17　馬嶽：《香港政治發展歷程與核心課題》，頁104-105。

18　廖光生：〈香港促進大陸現代化〉，《亞洲研究》，1993年第2期，頁20-31。

19　鳳凰衛視收視數字資料為估計值。北京美蘭德資訊公司2001年《鳳凰衛視中文台和資訊台中國大陸收視狀況調查》指出：「2000年，鳳凰衛視中文台在中國大陸有4178萬戶收視家庭，接近1.47億萬收視人口，佔全國電視家庭戶的13.1%」。2007年，中國政府規定，大陸除珠三角地區被廣電總局批准合法落地外其他地區停止對鳳凰衛視進行轉播，但在部分地區依然可以通過數位電視收看。陽光衛視收視數字資料，參看陽光衛視百度百科詞條。

20　香港入境事務處：《2009-2010年度年報》。

21　Sonny Shui-hing Lo, *Competing Chinese Political Visions: Hong Kong vs. Beijing on Democracy* (Santa Barbara, CA,: Praeger, 2010), p. 232.

　　有學者指出，中國政府可把香港視作「政治特區」，香港追求民主的經驗可以為中國的民主化變革起到一個民主發酵的作用[22]。筆者倒認為香港經驗的重要之處，更多的應該是從政治制度 (political institution) 基建的細微處入手，而非整個宏大的民主大邁進。

　　香港的政治制度中，包括司法獨立、廉政公署、審計署、平等機會委員會、法援署等，均協助人們捍衛權利和制衡政府。舉一個具體的例子，香港政府架構中擁有一套完備的諮詢體系：行政議會是最高的決策諮詢機關，各行政機關也均設立有自己的諮詢組織，社會上還有各種專業性的諮詢機構，共同組成了「港式諮詢性民主[23]」。這種多層次的諮詢機構與多管道的決策諮詢，使得香港政府部門可以更多地瞭解民意，聽取專家及有關利益團體的意見，從而制定出較為切合實際的政策。而內地政府體制中缺乏相關的諮詢環節，政府過於集權，民間的或半官方的諮詢組織無法參與到決策的環節之中，民意的聲音就往往容易被忽視。中國大陸的政治體制改革，不可能像前蘇聯那樣，在一夜之間突變式地完成。相反，改革和民主化都應該從細節做起：公開預算、民主監督、公眾參與、諮詢議政、勞動者保護、公民權力申張等等。只有從制度細節上著手改革和完善，才可以將宏大的「民主問題」具象化、技術化，「因為只有在技術和制度面，爭論才會是具體的，改革才會是行動取向的[24]。」從這點來看，香港的制度經驗更加彌足珍貴，值得借鑒。

第二，在市民層面上，香港公民社會的崛起，香港普通民眾積極投身公民運動，都為大陸人民提供了一個極強的政治符號，激發他們對於民主投入更多的思考，乃至行動。今日香港政制發展的一個重要特點，就是公民社會和政黨呈現疏遠的趨勢。年輕一代的社運份子對傳統的政黨意識和階級議題的參與興趣降低，不再輕易被政黨所動員。相反，他們以非黨派的中立角色，在政黨和議會外努力拓闊公民空間，積極參與到有關集體記憶、文化保育、社區重建、反高鐵等本土公民運動之中，以表達他們的政治觀點。香港新一代的社會運動，也通過facebook、推特、微博等新網路媒體技術，傳播到內地。廣州「保護粵語」運動中，年輕一代成為運動的主體，他們走上街頭呼籲保留粵語的文化主體性，這正是香港公民運動影響內地民眾政治參與的鮮明例子。

四、香港大陸化

與此同時，中國的快速發展也在衝擊著香港，並在各個層面反哺香港，構成了一種「被衝擊然後回應」的

22 吳國光：〈中國政治變革中的「香港效應」〉，《二十一世紀》，第50期（1998年12月），頁29-35。
23 按各諮詢組織服務對象及其是否是法定組織（法定組織根據有關法例而成立，可以是諮詢委員會或執行委員會；非法定組織是按行政程序設立的，主要是諮詢組織），可以分為五大類：（1）向政府部門首長提供意見的法定組織，如保護稀有動植物諮詢委員會、領港事務諮詢委員會、古物諮詢委員會等；（2）向政府提供意見的法定組織，如區議會、鄉議局及鄉事委員會等；（3）向政府部門首長提供意見的非法定組織，如勞工顧問委員會、香港法律改革委員、香港行政長官特設國際顧問委員　等；（4）向政府提供意見的非法定組織，如交通諮詢委員會、撲滅罪行委員會、環境諮詢委員會等；（5）負責執行某項具體事務的法定組織，如香港考試及評核局、空運牌照局等。「港式諮詢性民主」這一概念，由謝偉提出，參看謝偉：〈香港與內地環境法律手段比較研究〉，《「一國兩制」研究》，第8期（2011年4月），頁100-105。
24 鄭永年：〈中國的政治改革要從細節開始〉，《聯合早報》，2011年6月14日。

關係[25]，而回應的其中一個結果，就是香港大陸化的危險趨勢。

俄羅斯流亡作家索爾仁尼琴（Aleksandr Solzhenitsyn）在1982年訪問台灣時曾感慨地說到：中國人是幸運的——大陸之外，還有香港和台灣，而俄羅斯卻已經全境赤化了[26]。在此，索氏對香港的讚譽不言自明，與大陸僅僅一河之隔的香港，其獨立的政治制度、經濟形態，乃至自由意志，都是對於當時剛剛拉開改革開放大門的中國大陸一個極大的補充和對照，同時也作為一個緩衝點，巧妙地將中國內地和世界舞台銜接在一起。

然而索氏的這句話放到今天，似乎已經不再是事實。

著名經濟學家弗利民（Milton Friedman）曾憂心地預測過，香港的明天取決於兩種速度的比較，一種是香港大陸化，一種是大陸香港化，哪種發展的速度快，將決定未來香港的發展（The ultimate fate of China depends on whether it continues to move in Hong Kong's direction faster than Hong Kong moves in China's）[27]。可能內地並不屑於將香港作為自己趕超的標杆，而是紐約、倫敦這樣的國際大都市，即雄心壯志之下所謂的「美國化」；但對於香港而言，其大陸化的趨勢卻在回歸後隨著時間的推移顯得愈發明顯，並逐漸成為香港最大的改變，香港事實上已經變成了「中國的一座城市[28]」。香港首任行政長官就曾

聲明：在治理香港這塊領土時，「中國價值」（Chinese values）必須被予以考慮，亦即「珍惜重視多數，但不允許公開的對抗；力爭自由，但不是以犧牲法治作為代價；尊重少數者的意見，但關切更廣泛的利益；保護個人的自由，但也擔負集體的責任[29]。」「不允許公開的對抗」，這一幾乎已被默認為正當性的信條延續迄今，其結果，穩定壓倒一切成為社會主流，公民自由不斷受到嚴厲的挑戰：民間電台被取締，港台編輯自主的方針受到干預，大學獨立人格喪失，學生正常的示威活動受到打壓。更為憂心的是，這種改變的程度是如此緩慢而少有人察覺，而其未知的影響卻讓我們不得不擔心香港本土的一些核心價值正在逐步喪失──這還是索爾仁尼琴口中所讚譽的香港嗎？

筆者曾經專門就此問題和社會學教授呂大樂有過一次長談，他向我講述了他一次參加香港新城市規劃諮詢的經歷。作為以香港社會為研究對象的學者，呂大樂更加關注香港本土文化與城市發展之間的平衡與互動。但遺憾的是，香港的政府官員卻過於強調城市新建築的經濟利益，並以自己考察上海浦東的體會為基礎，號召香港要學習上海的建設速度，複製上海的革新氣魄。儘管上海有它值得

25　陳冠中：〈中國天朝主義與香港〉，《香港：都市想像與文化記憶》國際學術研討會，2010年12月17日。

26　1982年10月16日，索爾仁尼琴訪問臺灣，並於10月23日在臺北中山堂以「給自由中國」為題發表演說。

27　Milton Friedman, *Hong Kong wrong*, *The Wall Street Journal*, 6 October 2006, p. A14.

28　嚴飛：〈現實與理想之間的香港〉，《時代周報》，2008年12月4日。

29　Nicholas Thomas, *Democracy Denied: Identity, Civil Society and Illiberal Democracy in Hong Kong* (Aldershot, Hants, England: Ashgate, 1999), p. 248.

30　陳冠中：《下一個十年：香港的光榮年代》（香港：牛津大學出版社，2008）。

學習的地方，但香港不能盲目照搬照抄。香港需要的不僅僅是速度和氣魄，而是一種與香港本土特色混合在一起的城市文化精神。

五、結語

香港的政制發展到今天，已經確定了清晰的普選時間表，追求全面更高度的民主已經成為社會共識。但必須明確的是，普選制的實現並不必然意味著香港的全面民主化，普選和民主化的進程不可簡單等同。香港民主派和中央政府的政治抗爭依舊會繼續存在，香港政府在推動民主的過程中，如何於兩者間斡旋並尋找最佳出口成為關鍵。儘管香港民主政制的發展道路是緩慢的、有爭議的，但是，它已經無可避免地通過頻繁的資訊傳播和社會交往為內地官員和民眾提供了參考效用，激發起他們的民主意識。同時，在香港和大陸日漸融合的大背景之下，內地政治文化又將影響香港到何種程度，還有待進一步觀察。

有論者提出將下一個十年作為觀察香港未來發展走勢的黃金時點[30]，這裏面固然有著中國人喜歡紀念整數時間的傳統，但就筆者而言，我們再去考察香港的時間點，應該是回歸後的25年最為恰當了（即2023年）。為甚麼是25年呢？因為這是「回歸五十年不變」政策的一個中點，同時也是香港雙普選經過4至5年的操作後的一個檢驗點，正好可以幫助我們反思和檢討，符合香港模式的經濟形態（特別是與珠三角的協同合作關係上）和政治制度（雙普

選的實施成效上）到底發展（或者說改變）到了一個怎樣
的程度，到底是香港大陸化還是大陸民主化，二者怎樣結
合在一起？香港又是否可以迎來自己的光榮年代？

管治困局與殖民主義原罪

在香港主流社會中，至少存在著三種殖民觀。第一種是「罪疚觀」，認為英國的殖民統治是一層枷鎖，不僅奴化了香港人的本土精神，扭曲了香港人對國族身份的認同，也處處在經濟層面上榨取香港的物質資源。持此心態的人，主張愛國主義式的救贖，憤恨西方文化的侵襲；第二種則是「歌頌觀」，認為香港繁榮穩定的國際化地位，得益於英國殖民統治時期所確立的種種制度性遺傳，港英政府實施的各種德政與文明，為香港創造了一個童話般的美麗新世界。這種觀點，不僅僅在香港回歸之後的頭幾年，由於香港政府種種政策上的失誤而被渲染，很多香港人都曾一度陷入到緬懷殖民統治的黃金歲月之中，而最近一段時間，更是在城邦自治運動的口號下，一些香港人在遊行中打出殖民時期的香港旗，以表達對現今政府管治的不滿和失落之情[1]。

第三種觀點，則嘗試在上述兩種極端中尋找批判性的反思，既不一味貶低英國殖民統治的侵略色彩，也不盲目推崇和美化殖民統治所帶來的種種善治，而是正視歷史，肯定英國殖民政權管治智慧的同時，又理性地追溯各項殖民政策的權術與目的。《管治香港：英國解密檔案的啟示》這本書，就是第三種觀點的代表。作者李彭廣是香港嶺南

大學公共管治研究部主任，作為一名本土的政治學者，長期專注於香港政治制度和政黨決策方向上的研究。為了精要把握英國對香港殖民地管治的精髓，他多次奔赴倫敦，查閱了大批前港英政府逐步解封的機密檔案，如諭令、備忘、殖民地部 (Colonial Office) 和外交及聯邦事務部 (Foreign and Common wealth Office) 的通信等，以期揭開香港殖民期間很多不為人知的動因、策略與政治底細。

兩種殖民管治

一般而言，在殖民地管治上，英國與歐洲大陸國家採取了截然相反的殖民系統和政策。歐洲大陸如法國等國家在開拓殖民地的運動中，一般希望能永久駐紮在當地，甚至把殖民地列入國家的海外省，因此在統治階段中，往往較多地採取暴力和高壓[2]。而歷史的進程已經證明，壓迫式的殖民管治並不可行，當地人民的反抗情緒，會伴隨著高壓政策而愈發激烈，進而演化成推翻殖民政府的革命。

而英國殖民政策則不盡相同，它的最大精髓在於強調有效的管治權術和政策謀略，而非實施填鴨式的思想教育或者暴力鎮壓。英國政府同時亦深信，會在一個適當的時間以一種適當的方式將殖民地交回給當地人管理。由此，英國政府採用了一種「過客」的心態來管理海外領地：在政

---

1 關於香港的本土自治運動思潮，一般以香港學者陳雲的《香港城邦論》一書為藍本，認為香港是一個城邦格局。參看陳雲：《香港城邦論》（香港：天窗出版社，2011年）。

2 Michael Crowder，*Indirect rule: French and British style*，Africa: *Journal of the International African Institute 34*，no. 3 (1964)：p. 197-205.

治領域，盡可能完整地移植英國本土的社會結構、政治體制和法律體系到殖民地之上，按照英國政府自身的模式和功能來設計和建立各殖民地政府，同時選擇與殖民地內的政黨合作，開放政府，以確保能夠用最少的官員，達到最有效率的管治；在經濟領域，則注重推行各種福利措施來降低殖民地人民發生暴動的可能性，維持殖民地的穩定，並扶持英資財團的勢力，最大限度地掠奪殖民地資源。

具化到香港這個地方，至上世紀五十年代，英國的管治雖已實施一百多年，香港仍只能依賴少量轉口貿易生存，產業結構單一化，沒有像樣的現代大工業。1950年，香港的本地生產總值只有31.5億港元，人均1400港元，按當時的匯率折算不到250美元$_3$，其經濟發展水準在許多方面還比不上廣州、上海，更難與歐美的大都市相提並論。在某些西方學者看來，香港直至五十年代初，還是一個窮酸破敗的貧民城市$_4$。

麥理浩的改革

這種情況一直持續到上世紀七十年代才得以改變。1967年，在左派親中人士領導之下，香港爆發了歷史上規模最大的一場反對殖民統治的社會暴動。與此同時，由於深受國際「革命浪潮」的影響，民族主義、反殖意識在香港強烈抬頭，1971年的保釣運動、1975年的愛國反霸運動均促使這一時期的香港知識份子主動展開自我與他者的反思，試圖從理論層面對社會動盪給出解答。在這樣的背

景之下，港英政府也開始逐步逐漸改變管治策略，注重地方社區建設，並採取各種改善民生，提高人民權利的善治積極，彌補與香港民眾的距離，著力培養港人安居樂業的本位意識。在第25任總督麥理浩（Sir Murray Maclehose）的帶領之下，殖民政府先後創立了廉政公署整治官員貪汙，設勞工署調解勞資糾紛，制定解僱補償等勞工保護法例，同時啟動長期建公屋和居者有其屋計劃，以及九年制免費基礎教育，興建地下鐵路和地方行政改革，從而打下了香港上世紀七八十年代經濟高速增長的基礎，亦孕育出香港人自覺的本土身份意識，可謂是香港騰飛的關鍵時期。

　　麥理浩時代的上述種種社會福利改革和建設，過去一直被學界看作撫平六七暴動所帶來的傷痛，以及創造香港進一步經濟發展的條件[5]，也因此常常被今日懷念麥理浩管治的香港人稱頌為良好管治的代表。這一時期也在香港人的心目中被贊譽為香港經濟起飛與文化啟蒙的黃金歲月，被深深的植入了一層神話的色彩：「對任何一種社會背景的人士來說，都會有他心目中的一個『七十年代香港』故事[6]」。例如香港文化人陳冠中在回顧自己於七十年代中期創辦《號外》雜誌的經歷時就曾指出，在港英政府的政策

3 Catherine R. Schenk, *Hong Kong as an International Financial Centre: Emergence and development*, 1945-65 (London: Routledge, 2001), 4.

4 Steve Tsang, *A Modern History of Hong Kong* (London: I.B.Tauris, 2004), p. 182.

5 例如有學者指出，六七暴動是香港戰後歷史的分水嶺，顯示出「香港人僅基於對共產統治的恐懼而消極被動地支持港英當局，港英政府在騷亂平息後察覺需要通過改革去紓緩社會矛盾……六七暴動可說是推動殖民地政府推行社會改革的催化劑，或駱駝背上的最後一根稻草。」參見張家偉：《六七暴動：香港戰後歷史的分水嶺》（香港：香港大學出版社，2012），頁9。

6 呂大樂：《那似曾相識的七十年代》（香港：中華書局，2012），頁6。

推動之下，社會風氣開放，藝文活動此起彼伏，「1971年到1981年是香港文化脫胎換骨的時期」」。然而，此書作者李彭廣教授從英國解密的檔案中卻發現，隱藏於殖民政府銳意進取型社會改革與進步背後的，其實是英國一種精明的戰略部署，真正目的是「為英國政府創造與中國政府談判香港前途的籌碼。換言之，英國政府計劃在短時間內儘量提升香港各方面的發展和香港人的生活水準，以大幅拋離中國內地，以此突出香港社會和制度的優勢，從而影響中國政府在處理香港問題的態度和政策」（頁62）。這種安排，既能成功凝聚香港各階層的力量，也同時可以為英國創造出與中國討價還價的戰略目標，佈局可說是十分高明（頁21）。

李彭廣進一步指出，麥理浩的改革計劃，其實早在其履新之前一年，就已經在英國外交及聯邦事務部的要求下開始著手進行研究，並草擬出一份治港大綱（Guidelines for Governor Designate of Hong Kong），以作為港督和英國政府對治港政策的基本共識。在麥理浩看來，必須在「關鍵時刻」到來之前就開始啟動推動社會改良的過程，設計出能夠增強本地市民對殖民地政府信心的內政，「如果中國的香港政策維持不變，成功操作上述政策將會為英國取得數年的發展時間和改善英國的談判位置」（頁62）。由此可以看出，麥督來港的主要任務，並不是化解六七暴動所呈現的社會危機，而是基於英國外交政治的考慮，目的

十分明確地按照中長期戰略部署進行社會規劃，在最短時間內建設香港，將香港快速發展成為亞太區的模範城市，從而凝聚本地港人對殖民政府的認受度，為未來香港主權之易手創造出對英國有利的談判資本。

港英政府的政治算計，從一定意義上看無疑是成功的。香港經濟在上世紀七八十年代的成功轉型與騰飛，讓香港迅速發展成為一座舉世矚目的國際化大都會，香港人過往在「借來的時間、借來的地方」討生活的難民心態也隨之發生了重大的轉變，對本土社會的歸屬感漸次增強，進而發展成為一種身份的認同。同時因為社會的安定繁榮和經濟的穩步向上，香港人也因此滋生出一種意氣風發的優越感，尤其在相對貧窮落後的內地人面前，這種優越感得到了成倍放大，「表叔」、「阿燦」等嘲笑性用語[8]，構成了這一時期香港人對內地人的集中印象與認識。香港人相對於內地人的身份差異在一定程度上加深了港人對內地的偏狹與歧見，擴大了兩地之間的文化價值疏離與社會制度的差異。

7　陳冠中：《事後：本土文化志》（香港：牛津大學出版社，2007），頁xi。

8　「表叔」的說法源自革命樣板戲《紅燈記》，在唱段「都有一顆紅亮的心」中，李鐵梅唱道：「我家的表叔數不清，沒有大事不登門。」這位「表叔」於是以其「沒有大事不登門」的形象，演變為一種大陸外派駐香港中資機構人員的文化符號；「阿燦」比起「表叔」更是家喻戶曉，婦孺皆知。1979年，無線電視連續劇《網中人》在香港熱播，一位剛從大陸來到香港的新移民程燦，在電視裏笑著說：「我係阿燦呀！我準備返鄉下探阿爸阿媽……所以我帶一架樂聲牌電視機返去，全中國各地一樣可以睇。」阿燦在香港陌生文化與環境中種種不協調甚至滑稽的表現，由此被昇華為八九十年代內地人愚昧、憨厚、封閉、缺乏修養的代名詞。

香港的管治團隊

在經濟上，在港大創辦人、前港督盧押爵士（Lord Federick Lugard）的倡議下，英國開始在香港奉行「間接管治」（indirect rule）政策[9]，即殖民地政府輸出經濟利益（例如土地）予以本地有名望的土豪劣紳，以要求他們與政府合作，協助管理香港。而在政治上，麥理浩則提出了有限度的政制改革，開放部份政治權力給予港人，擢升具資歷、經驗和能力的華人至政府相應高層職位，以加強港人對殖民政權和本土化發展的認同，否則「香港公務員的效率、士氣和忠誠便會受到莫大影響」（頁29）。

港英政府早期曾實行赤裸裸的種族歧視政策，英國人幾乎佔據政府部門所有的高級職位。佔人口絕大多數的香港華人，在政治上則處於完全無權的地位。華人不許涉足高級酒店和私人會所，有些法例甚至規定，華人無通行證晚間不准出門，不得舉行或參加公共集會。1888年，港英政府頒佈了European District Preservation Ordinance，明確規定華人不許涉足歐式風格的社區和建築場所。1904年，港英政府更進一步頒發了條例Peak Preservation Ordinance，規定禁止華人在山頂一帶的洋人住宅區度宿。在這些歧視性政策下，香港的華人不僅無法在政治領域獲取權力，甚至在日常的社會生活領域也長期處於低人一等的地位[10]。

　　而在麥理浩的推動下，高級公務員本地化的進程開始加快。五十年代，香港總共有47名政務官，但其中只有一位是華裔政務官（頁3）；1966年，在146個政府高層職位中（包括司法部門），只有24個職位是由本地人士擔任（頁154）。根據另一份資料顯示，發展到1977年，在政務官所謂首長級的337名官員中，本港人士已經佔到42.1%，共142人；到了1981年，本地擔任高級政務官的人數已經增加至258人，增幅達到81%之多[11]。

　　但是事實上，對於港英政府來說，政治權力的開放，將極度不利於對香港的統治。間接管制的目的，僅僅是為了避免暴動，從而為殖民管治和政府施政取得有限但必須的制度性支持，因此也沒有必要花費時間和精力去培養本地華人高級政治精英。在英國政府看來，港府部份重要職位，基於英國國家安全需要，仍需要由英人執掌。合資格的本地華人若需晉升至首長級官員或部門主管等高層職位時，必須接受港英政府的「保安審查」（positive vetting）。如若無法通過「保安審查」，有關官員則會被調任至不涉及敏感職位的政府崗位。在一份1974年由當時的香港布政

9　盧押在其著作 The Dual Mandate of British Tropical Africa 中總結了他在非洲烏幹達的「間接管治」理念：殖民地政府要想做到有效管制，就必須與當地的士紳賢達合作，因地制宜、入鄉隨俗、以夷制夷。參看 Frederick Lugard，The Dual Mandate in British Tropical Africa (London: W. Blackwood and Sons，1992)，p. 193-196.

10　Steve Tsang，A Modern History of Hong Kong (London: I.B.Tauris，2004)，47-51、65-66.

11　陳冠中：〈香港的成長與煩惱〉，《南方週末》，2007年6月20日。原文為「政務官所謂首長級的官員中，77年共337人，本地人佔35.2%，共142人，81年增至611人，本地人佔45%，共258人」，此一資料數據中的百分比和數字有偏差，本文採用了1977年的142人，以及1981年的258人。

司司長羅弼時（Sir Denys Roberts）送交給英國外交及聯邦事務部的機密信件中，羅弼時詳盡討論了香港官僚體系的國家安全問題。羅認為，伴隨著香港政府官員本土化加深的趨勢，華人將不可避免的逐步攀上政府高層官位，並大範圍接觸到政府的核心檔案。為了保障國家安全，羅建議將現有的高級官員職位分為兩部份，甲部（ List A ）包括總督、布政司、保安司、政治部主任等核心管治團隊，必須由英人出任，且大都需來自英國殖民地公務員隊伍的政務體系之中；乙部（List B）包括律政司、公務員事務司、財政司、副警務處司等，雖然不一定必須要由英人出任，但都應該（should）和應當（ought）由英人出任才合適。如果有華人官員出任這些高級職位時，部份涉及到高級機密的檔案，將會提高閱讀許可權，以避免華人接觸（頁29-31）。

而本土華裔官員只有到1984年中英簽署聯合聲明後才陸續獲晉升至屬於管治核心的職位，如警務處長李君夏（1989年12月）、布政司陳方安生（1993年11月）、保安司黎慶寧（1995年2月）、財政司曾蔭權（1995年9月）。而政治部處長和掌管法律的律政司則仍然由英國官員擔任。政治部處長因為負責督管情報系統，其使命在政治部1995年解散時才宣告結束；而律政司作為香港政府首席法律官員，由於其直接向香港總督負責的重要性，成為香港主權移交前唯一仍然由非華人擔任的司級公務員，直至1997年7月1日香港回歸前一日才卸任（頁7）。

英國殖民管治的研究基礎

　　另一方面，雖然總督握有殖民地管治的最後決定權，但是香港的殖民管治團隊在「前台」也無法完全依靠自己便可以施行有效治理，還需要「幕後」的參謀和情報系統進行支援和協助，以提供政策的參考和建議、情報的收集和分析，以及政策知識的創作與應用（頁2）。

　　英國的殖民管治有兩個重要信條，一是承認自身「對殖民地的認識有很大的落差」，其二是「知識是任何穩當發展的唯一堅實基礎」（頁117-118）。在英國看來，如果對殖民地的情況掌握不充分，就會帶來施政失誤的管治危機。為此，英國專門建立了一套完整的殖民地研究體系，由英國本土大學內的研究機構、本土社會的各式智庫組織及特別聘請的研究員和科學家共同組成（由於英國掌控的殖民地數量眾多又差異顯著，因此為了有效運用資源和發揮規模效應，英國政府將研究機構主要設立在英國本土），編制及經費均十分龐大。這三個環節相互補充，又層層相扣，疊加在一起，共同為英國的殖民地政府提供可信賴的科學研究，以供決策和制定管治策略之用。

　　二戰前夕，英國政府制定出《1940年殖民地發展和福利法》（Colonial Development and Welfare Act, 1940），提出了有系統地發展殖民地的目標。該法例特別設立出專項研究經費來研究殖民地的發展。在1946至1956年的十年間，關於殖民地研究的經費預算是1300萬英鎊，實際總開

支為1036萬英鎊（頁112-113）。投入到香港上的研究，保守估計，大約每年維持在60萬英鎊，相當於1000萬港幣。按照當年的購買力計算，這是一筆十分驚人的經費投入。一個典型的例子就是香港二戰後的城市總體規劃，即是在該法案的專項撥款下，邀請曾主持「1944大倫敦規劃」（Greater London Plan 1944）的城市規劃師艾伯克隆比（Patrick Abercrombie）到香港擬備一份城市發展計劃。1947年，香港工務司署甚至專門成立了一個城市規劃部門——城市設計組（Town Planning Office），進行配合。1948年，艾氏出版了《香港初步城市規劃報告》（*Hong Kong Preliminary Planning Report 1948*），為香港提出了第一份戰略性的城市規劃管理和發展。該報告中的部份提議，如填海造地和新市鎮建設，雖沒有立刻被當時的港英政府所採納，但在隨後五十多年的香港城市發展過程中也陸續得到實施，可謂影響遠大，意義深遠[12]。

在充裕的研究經費保障下，英國政府專門設立了殖民地研究委員會（Colonial Research Committee）和由一名助理常務次官負責的研究處（Research Department）（1945年），並在殖民地公務員系統內創設研究人員職系（Colonial Research Service）（1949年），提供優厚的薪酬待遇和晉升機會，以促使研究人員能夠專心地進行殖民地方面的研究工作[13]。為了鼓勵更多優秀的年青人才加入，殖民地部還設立了研究獎學金，資助研究員親臨殖民地做

實地的田野調查（頁115-117）。在1955年初，受聘從事專項研究的研究人員共有452名；1979年，研究處正在擬備的研究報告中，有關亞洲地區的就有17份，其中10份與中國有關（頁123）。

再者，英國的情報體系和殖民地的也是連成一線，一般由各個殖民地本地的情報機構收集情報資訊匯集到倫敦，殖民地亦分享到英國收集的其他情報。這個情報系統由三個層次的組織所構成：設在殖民地的情報組織（如政治部）和本地情報委員會（Local Intelligence Committee）、設在區域內的聯合情報委員會（Joint Intelligence Committee），以及設在倫敦的聯合情報委員會。總督要向殖民地大臣定期提交在地的情報報告，檢視當下如政治、安全、軍事和經濟方面的情況，並對未來的發展趨勢做出評估（頁11）。

回歸後管治困局的根由

作者在全書的開頭曾尖銳地提出：「回歸前被捧上天的香港公務員隊伍，為何回歸後便被認為表現差強人意？一直在英治期間被視為治港骨幹的政務官，為何現在的執政表現被認為未如理想呢？」（頁1）對於這一問題，作者並沒有直接正面地回答，但答案其實已經在前述的種種分析中顯現：英國殖民管治的最大特點，就是信賴英國政府

12 李百浩、鄒涵：〈艾伯克隆比與香港戰後城市規劃〉，《城市規劃學刊》，2012年第1期，頁108-113。

13 Anthony Kirk-Greene, *On Crown Service: A History of HM Colonial and Overseas Civil Services*，1837-1997 (London: I.B.Tauris，1999)，p. 35.

派駐殖民地的官員，尤其是其核心管治團隊和政府高層人員，更是由英國政府直接派遣和調配。在香港，這些外來政務官帶來了更為廣闊的視野和多樣化的殖民地治理經驗，對改善政府工作做出了貢獻，但是本地華人卻鮮有機會得到政治實務工作上的淬煉。港英政府雖然也不斷地提高在地的社會和經濟精英在政府內的比重，聘請他們擔任殖民地政治建制的職位，但這種「行政吸納政治[14]」(The Administrative Absorption of Politics) 只是為了稀釋殖民地的政治原罪，而被吸納的社會精英，則被視為「社會代表」去輻射更廣大的普通民眾。殖民地政府是外來政權，先天缺乏當地人民的認受，因此任何的殖民地管治都是帶有政治原罪的。正是因為這個政治原罪的前提存在，因此在不改變英國主政的格局下，增加被治精英的參與與認同便成為了穩定殖民政權的重中之重 (當然，愈能吸納社會上不同階層和利益團體的代表，就愈能爭取最大可能的制度性支持)。在這樣的政治背景之下，被提拔出來的本地華人高級公務員始終是執行政策的技術官僚，儘管常年在香港工作，但缺乏宏觀政策的視野和遠見，管治意志也大大依託於外來政務官。在英治時期，這樣的政治運作 (英籍官員主導決策，本地官員負責執行) 尚可以運轉正常。但是當回歸後英國派駐的管治班底集體撤離香港，香港的管治系統便不可避免地出現了斷層。本土華人雖然在行政職務上填補了英籍高官的位置，但從政策執行者轉變為政策

設計者的過程中卻缺乏足夠的政治領袖氣質，難以在政治領域內獨當一面，常常以「我會做好呢份工」的打工仔心態去處理政治戰略問題，自然會目光短窄、墨守成規。

另一方面，英國十分重視殖民地管治在幕後的政策參謀和基礎研究，大量輔助性的智囊機構擔負起了為殖民地的管治和決策提供支援的責任。回歸後，香港本土並未有建立起系統的智庫系統，輔助性研究機構出現斷層，難以給政府施政提供足夠的政策建議和參考[15]。有學者就指出，2002到2007年間，特區政府中央政策組的香港研究經費，一年尚不足一千萬港幣[16]，而在上世紀四十至五十年代，英國殖民地部就已經為香港研究每年投入一千萬港幣。在研究性大學裏，有關香港本土的研究也因為難以在國際頂級學術期刊上發表，而難以以顯學的名目出現，繼而導致人人都不願意踏實地去做與本土有關的學術研究。缺乏足夠的基礎性研究工作，當出現政治難題時自然顯得手足無措，不知如何應對。

由此可見，在港英政府統治下，英國人並未把所有的管治精髓傳授給香港本土的華人階層，令他們在九七回歸後不得不獨自面對各種管治困局時缺乏有效的回應（如新

14　「行政吸納政治」意指將華人中的精英吸納進政府決策體系內部，從而實現精英之間的整合。參看Ambrose Yeo-chi King，*Administrative absorption of politics in Hong Kong: Emphasis on the grass roots level*，Asian Survey 15，no. 5 (1975): p. 422-439.

15　一個弔詭的命題是，回歸後中央政府如果給予特區政府政策建議，則都會被視為干預香港內政、破壞「港人治港」的精髓。

16　陳雲：〈為何香港難治〉，《明報》，2012年8月12日。

機場大混亂、二十三條立法、禽流感肆虐、西九建設規劃的爭論等）。而這內裏的文章，在殖民政府的官方論述中卻隱去不提。在這層意義上，英國人並未接納香港人作為自己的子民，各個管治權謀的交叉使用，只是最大化統治效益的諸種手段罷了。

這是一個撕裂的社會嗎？

前段時間，香港本土社會學家呂大樂在《明報》撰文指出，儘管近期香港撕裂論大行其道，每日見諸報端的，都是諸如「香港社會已出現撕裂的狀態」、「這樣做會撕裂香港」、「撕裂社會」、「社會撕裂」之類的字句，但所謂的社會撕裂，卻難以辨識出是一種甚麼形態的撕裂：「是各佔5至10%代表性的左右兩端愈演愈激動？是市民之間意見分歧，難以產生所謂的共識？是（政府的及文化規範意義上的）權威衰落，以至舊有秩序、處事方式、言論，以至價值觀出現明顯的轉變？還是情況已經嚴重到一種狀態，在日常生活之中，人人都需要表達出自己的政治立場、主張，排斥異己？所謂的撕裂，是處於兩端的社會人士各執一詞，要鬥個你死我活？還是整個社會已分裂為兩塊，非左即右，再沒有中間、中立、未有態度？」[1]

對此，呂大樂進一步指出，從社會整體的高度來看，現時香港社會「還未真真正正地處於一種撕裂的狀態」，以上種種不過是社會狀態的一些極端化表現，並不能代表香港的大多數。因此，「在作出香港社會出現了一種撕裂狀態的結論之前，我們應先思考一下，這個社會存在甚麼張力、裂縫？（如果真的出現社會撕裂）是一種甚麼

---

[1] 呂大樂：〈在香港，公投可能是最有效的維穩〉，《明報》，2013年8月16日。

形態的撕裂？」

同樣作為一名社會學者，從實證研究 (empirical) 的角度出發，我很同意呂大樂教授對「社會撕裂」一詞缺乏系統調查資料支援的判斷，但從一些經驗的觀察來看，今日的香港，卻不得不承認社會分化愈見明顯，政治歸邊也愈加嚴重，尖銳對抗的局面令所有人擔憂：香港社會在事實上正在趨向一種撕裂的狀態，而且這種趨向存在著加速度演化的可能性。

政治的分裂

在任何形式的主義和制度下，社會分歧都不可避免。不同的利益群體對社會的政治或經濟資源分配有不同的意見，就會產生紛爭。有了紛爭，就好比拳擊運動員一般，必然會在規則之下盡力擊倒對方，但在比賽結束之後，獲勝者都會友好地和對手抱拳以示敬意，這種文明有序的競爭是一個常態成熟社會的基本運作邏輯。

現在的香港，情況卻有些改變。「這個社會存在甚麼裂縫？」要回答這一問題，至少要先詢問，香港社會之前是否有過類似的裂縫出現？如果之前沒有，為甚麼現在會出現？如果之前有，那麼現在這個裂縫是否正在擴大之中，是否又有發生從量變到質變的可能？

在我看來，今日的香港，甚至未來較長一段時間內的香港，至少在兩個維度上存在著社會撕裂的傾向。

　　第一，在政黨層面，呼籲儘快落實普選的泛民主派與維護政府遵循循序漸進實現民主的建制派之間，分歧的裂痕愈撕愈大。雙方各不相讓，都覺得對方是在趕盡殺絕，而這，是在之前的香港政治發展中從未出現過的局面。本來香港人之間並沒有很多的矛盾，民主化快一點、慢一點，對民主化的認同也基本上沒有本質的分別，也並未有甚麼敵我矛盾之說。可是在特首梁振英政府上任以來，兩陣營的政治對立卻空前擴大，把每個人都歸邊到各自的陣營，形成不是朋友就是敵人「有你冇我」的二元對立。中間派的理性聲音被掩埋，雙方只問立場，不問是非。在任何一個議題上，先劃線站隊表明政治態度，如果不加入某一邊，就會被另一邊人士攻擊。這種互相否認事事對決的政治譜系，不僅表現在言語上的口號和對罵，也在公共領域內上演街頭對峙，例如激進建制派與激進泛民派最近在旺角街頭的對峙（甚至兩派都出現了更為狂躁的「戰鬥組織」），特首梁振英出訪天水圍及觀塘時的衝突等等，而形成一種「弱政府，強社會，瘋政黨」的奇特政治結構[2]。

　　兩派爭執的其中一個中心議題，就是2017年的特首普選。建制派認為，候選人「愛國愛港」是普選特首的基本前提，在形式上也需先經過一道如筲箕般篩選的程式[3]。在建制派看來，民主派等同於賣港賊，唯恐天下不亂，「反對派違法亂港的圖謀和行動正在升級，他們以所謂爭取『真

2　紀碩鳴、劉項：〈香港政治以激鬥激沉默大多數被綁架〉，《亞洲週刊》，2013年8月18日。
3　〈張曉明以「筲箕」論特首篩選　堅決反對佔中〉，《信報》，2013年7月16日。

普選』為藉口，不斷在社會上製造對立和挑起紛爭，企圖進一步搞亂，從而渾水摸魚、火中取栗，達到他們對抗中央、去『一國』化的政治目的。」而導致社會分裂的原因，「如果說近日社會確有進一步分化、撕裂的傾向和危險，那麼，責任完全不在建制一方。」[4]

而在泛民一派看來，因為沒有直選，特區政府不是民主產生，沒有廣大市民的認受，所以政府管治缺乏效力，做甚麼都是不對的。在民主派的眼裏，建制派等同於保皇黨，在肆無忌憚的濫用手上的權力，「當持不同意見政團及人士持續受到政府及執法機關打壓時，原來的意見分歧迅速演化為敵我矛盾，原來的嫌隙則惡化為難以逾越的深溝，甚至連基本的溝通、諒解也無法做到。」香港之所以會形成分裂，是因為梁振英政府「對撕裂社會不以為意，並且一而再、再而三的在撕裂的傷口灑鹽，令社會陣痛加劇。」[5]

生活在這樣一個以激鬥激的兩極化社會中，每一個人都會很不舒服。根據中文大學香港亞太研究所8月28日最新的民調報告顯示[6]，對於兩派陣營近期出現的互相指罵甚至肢體衝突的情況，有57.3%的受訪者擔心香港將經常出現這種情況，而58.5%的受訪者甚至估計，這種衝突在未來三年將會更加嚴重。如果兩大陣營繼續各走極端，彼此對抗，不共同處理解決2017普選議題，則必然會對香港未來的發展產生極為不利的深遠影響。

社群的撕扯

第二，在社群層面，近一兩年湧起的中港矛盾，因被注入了過去所沒有的政治維度而迅速上升到社群間急促而尖銳的對抗。從「蝗蟲論」、「自駕遊」、「國民教育」、「雙非孕婦」、「奶粉荒」到「反對本港大學濫收內地生」，任何一個很小的矛盾都會被無限度地上綱上線，進行過度的泛政治化解讀。

我曾在南京做了一場「你的南京，誰的香港」的主題講座。講座期間，觀眾席上有一位母親提問時，講述了她孩子在香港某大學讀本科時所遭遇到的來自本地生的歧視性言論，她的孩子覺得香港的學生對他有不少陌生的成見，思想上衝擊很大，似乎根本無法融入本地生的圈子裏。相反的，跟自己關係最好的幾個朋友都同樣來地內地，只有在內地生的小圈子裏才會找到歸屬感。這位母親很困惑，為甚麼在香港的大學裏本地和內地學生群體之間會如此分化，又該如何幫助她孩子更好的融入到香港這個社會中？

這位母親的困惑並不是一個單獨的特例，而是今日中港矛盾兩地社群分歧擴大中一個小小的縮影。

兩地之間存有矛盾，這並不是一個今天才有的話題。

4　大公報社論：〈撕裂社會危機緊迫 反對派賊喊捉賊〉，《大公報》，2013年8月21日。

5　蘋果日報社論：〈梁振英在撕裂的傷口撒鹽〉，《蘋果日報》，2013年8月19日。

6　中文大學香港亞太研究所：《香港亞太研究所民調：近六成人料社會衝突將更多》，2013年8月28日。

上世紀的八十年代，香港經濟的成功轉型與騰飛，讓香港迅速發展成為一座舉世矚目的國際化大都會，而彼時內地還尚處於改革開放剛剛起步的階段。在相對貧窮落後的內地人面前，香港人在經濟上的優越感自然成倍放大，「表叔」、「阿燦」、「燦哥」、「燦妹」等嘲笑性用語，就構成這一時期香港人對內地人的集中的印象與認識。

但「表叔」、「阿燦」登門拜訪，嘲諷的語氣雖說不好聽，但畢竟還是一家人，並不會真正有甚麼實質性的衝突和傷害。一座羅湖橋，天然地將兩種制度區隔開，此時的矛盾，也僅僅停留在兩地城市文化的疏離和社會經濟表現的差異之上。可是今天，羅湖橋已經不再是一個界限分野，在強調兩地融合的大框架之下，「表叔」變成了「蝗蟲」，一些激進的香港年青人在街頭喊出「蝗蟲滾回去」，「強國人襲地球」──中港矛盾從未有像今天這般如此尖銳和對立，充滿了濃重的政治色彩。

在我看來，有兩股力量在共同拉扯著香港這個社會，把社群矛盾的裂縫愈拉愈大。

一方面，從本土論述的角度出發，「兩制」精神是否會被一種單一的政治模式所取代，這樣的擔憂已經逐漸演化為一種深度的焦慮。我常戲言，觀察香港有三重境界，第一層境界，香港是個購物天堂；第二層境界，相比於內地，香港是很自由的地方；第三層境界，香港已經不再那麼自由了。香港首任行政長官就曾發表過類似的聲明：在治理香

港這塊領土時，「中國價值」（Chinese values）必須被予以考慮，亦即「珍惜重視多數，但不允許公開的對抗；力爭自由，但不是以犧牲法治作為代價；尊重少數者的意見，但關切更廣泛的利益；保護個人的自由，但也擔負集體的責任[7]。」在香港逐漸走向「大陸化」，變成「中國大陸的一座城市」的趨勢之下[8]，體制的失守，會導致更多激進的聲音將政治的問題延伸到民間，將對北京一黨制政府的敵意無限拓展到對內地普通民眾的仇恨之上。例如有年內地一位來港探親的大學生被一位為情自殺的跳樓女子砸中身亡。悲劇發生之後，本地的一些聲音不是對受害者表示同情，反而不斷辱罵不幸者為「大陸狗」，「死掉算做了件好事」，並連帶著抨擊其他在港讀書的內地生，「內地生搶佔資源死得活該」。對此，有評論一針見血地提出，「這個年輕生命在香港灰飛煙滅之後被咒罵，暴露香港社會的扭曲心態，也帶來巨大的警示：香港是否變成了一個冷血的社會？」[9]

　　同時，特區政府因為缺乏民意的認受性，所以在任何公共政策上，比如「限外令」（提高內地人在港買樓印花稅），「限奶令」（限制內地水客購買奶粉數量）等，都會主動地模糊政治背景，而選擇偏向於本地人的福祉利益，藉此希望可以提高政府的管治威望。但結果卻適得其反，特區政府的威望因非普選產生這一政治死結的存在而並未

7　Nicholas Thomas，*Democracy Denied: Identity，Civil Society and Illiberal Democracy in Hong Kong*（Brookfield，Vt.: Ashgate，1999），p. 248.

8　嚴飛：〈香港大陸化，還是大陸民主化〉，《二十一世紀》，第128期（2011年12月），頁15-22。

9　張無畏、袁沛汶、姚瑩瑩：〈安徽青年香港悲劇啟示錄〉，《亞洲週刊》，2013年8月18日。

得到明顯感善，而這一系列政策又間接放大了民眾在強大的外力面前因畏縮而自保的心態——保公立醫院的床位、保香港寶寶的奶源、保本地生入學和就業的名額，其結果，民粹主義開始興起，並發展成為排外的本地主義思潮。

另一方面，在內地這一邊，在一些公共討論上，也少見理性的思維和有遠見的反思，反而是一些貼標籤式的歧視性言論層出不窮，讓人心寒。畢竟，一個撕扯的社會，並不會僅僅只由一種力量單方面加壓形成。當兩方都採用一種極度不理智的方式互相攻擊的時候，只會愈發加深裂痕。蝗蟲論的爭端起源於北大教授孔慶東一句「香港人是狗」的辱罵，這之後，很多中港矛盾都在內地被添油加醋地挑動。典型的有在限奶令時，某財經雜誌主編辱罵香港人是「無良豬腦」[10]，以及前不久某主流媒體指責香港「殖民地文化沒有歸屬感」[11]。

如果說，內地的這些雜音來自於他們對香港這個社會的不瞭解，來自於地域文化上的差異，那麼很多在香港學習工作的內地優秀人才，他們每日都在與香港社會進行互動，與香港七百萬人一起呼吸生活，理論上應該對這座城市有著更多的投入和感情。但遺憾的是，這一批香港「中生代」——在中國大陸出生在香港生活——卻主動選擇與本土社會做出切割。而這一點，在很多香港本土學者關於中港矛盾成因的分析中都被忽略了。

「主動」有兩種表現。一種是消極的主動，主動將自己

隔閡在門檻之外，採取一種避讓的心態，認為自己永遠只是香港的過客。他們只會把精力圈定在固定的活動空間（比如金鐘、中環）和人際網路（比如港漂圈）之內，極少踏足深水埗、新界，更不用說被標為「悲情城市」天水圍這樣的地方；而在人際交往方面，港漂們會定期組織內部的聚會或者聯誼活動，甚至舉辦非誠勿擾之類的大陸在港人士相親活動。無論是現在如火如荼進行中的佔領中環運動還是城市保育抗爭，香港的這些風風雨雨都懶得理會，更不會投入精神和精力去提升香港的品質，只圖貪享香港身份所賦予著種種便利。另一種則是主動將自己於香港本土社會對立起來，永遠秉持一套高高在上的大中華心態，或者所謂的「中國天朝主義」心態[12]，用一套狹窄、閉塞甚至敵意的思維方式去看待本土主義的崛起。在微博、在臉書（facebook）、在任何的網路空間上，都去抨擊那些讚譽香港制度性優勢的人和言論。我的好幾位朋友都曾遭遇過這樣的口水討伐，似乎難以跨越這條相互誤讀的鴻溝。

危機四伏的未來？

這是一個撕裂的社會嗎？至少在目前，我未敢言樂觀。2017年的特首普選，的確是香港政治發展進程中的一個關鍵節點，香港精英以及中央政府顯然都知道這一點。但對於這一點，北京是不是有智慧放，香港是不是還有耐

---

10 《財經雜誌主編怒斥香港限奶令為「無良豬腦」政策》，網易，2013年3月21日。
11 王小峰：〈Beyond撤了一點人文佐料的心靈雞湯〉，《三聯生活週刊》，2013年6月21日。
12 陳冠中：《中國天朝主義與香港》（香港：牛津大學出版社，2012）。

心等？這個社會在未來是否能夠頂住外部的壓力而變成其他城市效仿的典範，還是陷入更為糟糕的政黨內耗以及民粹化的激進局面？香港當然需要改變，但是改變需要來自於兩股力量的共同發力：本土人士應該走出恐懼和憤怒，繼續堅守香港的核心價值，法治、文明和理性不應該在一個強大的政權面前變得扭曲；內地的在港精英也應視香港為家，關心現實，參與公共事務，積極投入到這場改變歷史的書寫中去。

香港的新貧階層及其制度性根源

　　香港一直都擁有兩面。最為世界上最富有的城市之一，任何人想要在香港找尋國際化的特質，真的可謂易如反掌。維港兩岸象徵金融中心的建築地標，大型購物商場內數不盡的歐美日名牌，金鐘、中環形色匆匆的金融精英，香港這座城市從內到外都散發著它獨一無二的國際氣息。但在繁榮的經濟體之下，卻是香港貧富差距愈發擴大的暗面。那些隱藏在光鮮的商場和摩天大樓背後的，是成片的籠屋、唐樓和超過100萬生活貧困的居民。當精英階層享受經濟蓬勃發展的豐裕成果時，低收入家庭、老人、傷殘人士、長期病患者和新移民們的生活水準卻一直在下降，無法得到應得的醫療保障和社會服務。

　　香港弱勢社群的無援處境引起了此書作者顧汝德（Leo Goodstadt）的關注，這位曾於1989至1997年間擔任港英政府中央政策組首席顧問的政府智囊，對於香港的政經發展不僅有著長期的觀察，也有著多次參與宏觀政策諮詢和制定的第一手經歷。在這本 *Poverty in the Midst of Affluence*（中譯《繁華底下的貧窮》）一書中，作者使用香港政府檔案處（Public Records Office）的公開文件，包括政府報告、官員講話稿件、會議及研討會紀錄、統計檔案等資料，從醫療、教育、福利、房屋等四大方面入手對香港

日益湧現的「新貧窮」階層及其根源進行了詳實的分析。作者一針見血地指出，香港的貧窮問題，即不是經濟危機的產物，也不是個人因為不努力不勤奮陷入水深火熱之中，而是港英和特區政府一系列政策失誤，以及主動迎合商界利益的畸形發展導向、不願承擔社會福利所導致的惡果。

兩極化的社會

按照傳統的觀點，居民生活品質和經濟發展是呈正相關關係。西方經濟學中有「滴流經濟」（trickle-down economics）一說，經常被歐美等國提倡整體經濟增長的政客採用，其邏輯正是「香港經濟好，香港人的生活必定得到改善」的道理，認為只要整體經濟發展良好，經濟資源增多，就好比河流的水源多了一樣，自自然然會流入所有支流，使經濟的成長，惠及社會每一階層和每一個人。然而事實上，「滴流經濟」只是個一廂情願的假設。在香港和不少歐美國家，整體經濟增長帶來的並非是整體生活質素的改善，而只是令一小撮人變得更加富有，更多超級富豪湧現，而絕大部份人卻由於分配的不均勻，生活素質並未得以改善，甚至有愈發惡劣的趨勢[1]。

事實上，在一些學者的分析中，在最近幾年，香港已經明顯出現了「M型社會貧富懸殊」和「中產向下流」的社會轉型特徵[2]。「M型社會」語出日本經濟戰略專家大前研一，是近年來描述貧富懸殊這一社會現象的新名詞，在其著作《M型社會：中產階級消失的危機與商機》中有詳細

描述。M的左邊是指低下層收入人士,右邊是指高收入人士,兩者人數會愈來愈多,中間的中產人士則減少,大多數更流入中低階層。而「下流社會」則源自日本社會觀察家三浦展的著作《下流社會》一書。所謂「下流」,是指社會中的中產階層因對現有經濟生活狀況的滿足而喪失往上流動,即「上流」的進取心,從而在不自覺中往下分化,形成社會中佔據多數的「下流階層」。當中產階級逐漸消失,年輕世代 (30-35歲) 源源不斷地選擇加入「下流」中的社會,社會階層出現「上流」與「下流」的兩極化現象,就會滋生積累社會怨氣,從而危及社會的長遠健康發展[3]。

根據《2011年人口普查主題性報告:香港的住戶收入分佈》顯示,自九七回歸以來,香港收入最低及最高的住戶數目雙雙增加,中等收入住戶比例卻逐年萎縮,家庭收入差距顯著走向兩極化。調查顯示全港每月家庭總收入高於6萬元的住戶比例,由1996年的6.9%顯著增至2011年的12.2%,達28.75萬戶;月入4,000元以下的住戶比例由回歸前的6.7%增至9.1%,達21.4萬戶。而月收入1萬元至4萬元之間的所謂中產家庭住戶,卻由61.2%跌到了52.8%[4]。

1　這一論述的代表性著作包括Robert Frank and Phillip Cook,*The Winner-Take-All Society: Why the Few at the Top Get So Much More Than the Rest of Us* (New York, NY: Penguin Books, 1996); Thomas Piketty,*Capital in the Twenty-First Century* (Cambridge, MA: Harvard University Press, 2013)。前者針對美國上流社會少數菁英寡占社會資源的現狀,以「馬太效應」為核心概念,指出社會資源集中於少數金字塔菁英的貧富差距現象,不僅不會因為民主化的發展而趨緩,反而會隨着資本主義的擴張而加劇。後者則揭露了21世紀資本主義貧富差距兩級分化的總趨勢,特別是頂層1%富人階層的財富份額迅速激增,並通過財產繼承的方式形成世襲資本主義。

2　嚴飛:〈貧富懸殊擴大下的M型香港〉,《金融時報》(中文版), 2012年7月18日。

3　兩書的中文版參看大前研一:《M型社會:中產階級消失的危機與商機》(臺北:商周出版,2006);三浦展:《下流社會:新社會階級的出現》(臺北:高寶國際, 2006)。

　　從堅尼系數（按原本住戶每月收入計算）來看，香港已經由1981年的0.451增加至2011年的0.537（頁73）。雖然由於香港的人口調查缺乏社會流動性（ social mobility ）方面的資料，並不可得出貧者愈貧的結論，但香港的貧者愈多，卻是事實。根據香港政府的官方定義，貧窮人口指生活於低收入住戶的人口，而低收入住戶指按不同住戶人數劃分，收入少於或等於全港相同人數住戶入息中位數一半的住戶。2012年按住戶人數劃分入息中位數一半的數額為：一人家庭：3,600元、二人家庭：7,700元、三人家庭：11,500元、四人家庭：14,300元、五人家庭：14,800元，六人或以上家庭：15,800元。根據這一標準，2012年香港的貧窮住戶為541,000戶，貧困人口達到131萬之多（綜援、高齡津貼和學生資助等各項政策介入前），貧窮率為19.6%，是自2001年的第二高數字。居於貧困線下的住戶中，有102,700戶為領取政府綜援住戶，餘下300,300個非綜援住戶，按其經濟狀況分類，失業住戶為11,300戶、在職住戶為143,500戶，以及145,500戶非從事經濟活動住戶。如果再進一步按照年齡組別劃分，香港每三個60歲以上的長者中就有一位處於貧窮線之下，18歲以下的兒童中，則每五位有一位處於貧窮線之下。[5]

　　有學者認為，新一代貧窮階層湧現，但真正一貧如洗者佔香港人口的百分比其實極低，即使在貧窮線以下的131萬人或其中一半之數，也未必陷於赤貧境地。「與其說香港正面臨貧窮問題，不如將之形容為『瀕窮』（near poverty) 問題更為貼切[6]。」這一論斷強調香港經濟發展和整體生活品質要優於其他國家或者地區,但卻大大忽略了貧困家庭所遭遇到的諸多困境。在顧汝德看來,根據收入指標劃分貧窮線有助於界定貧窮人口,但貧窮並不僅僅只是缺錢,還包括因無法得到應有的社會支持、社會尊重而受到物質和精神上的壓迫 (new poor will define themselves not just in terms of low incomes but of the specific distress they suffer) (頁21)。今天,香港的窮人是生活在一個富裕及有能力滿足所有人基本需要的社會中,但他們在教育、醫療、房屋和福利四個方面都遭受歧視性對待,因此他們被作者界定為新貧 (New Poor)。具體來說,新貧包括失業者、低薪工人、殘疾人士、長期病患者、欠缺足夠教育機會的兒童、怕被標籤而不領取綜援的長者、收入足夠但未能應付昂貴藥物的人士、在惡劣地方居住的家庭等 (頁17-18,215-216)。

政策失誤而非政策失靈

根據顧汝德的分析,香港新貧階層的產生,來自於政府三方面的政策失誤。

第一,政府一直固守新自由主義的剩餘福利觀念,強調「大社會、小政府」,但同時又不清楚界定「大社會」的社

4　香港每五年進行一次人口普查,調查資料來源於香港政府統計處:《2011年人口普查主題性報告:香港的住戶收入分佈》,http://www.census2011.gov.hk/pdf/household-income.pdf
5　香港政府新聞處:《政府公佈香港首條貧窮線》,2013年9月28日,http://www.news.gov.hk/tc/categories/health/html/2013/09/20130927_191059.shtml
6　王於漸:〈「瀕窮」邊緣:經濟機遇的紓困作用〉,《信報》,2014年2月5日。

會福利觀，過度迷信私有化，寄希望於將公共服務外判以改善服務質素。在過去的15至20年間，香港政府取消了很多以前免費提供或高額補貼的公共服務項目，轉之依賴於市場力量，尋求私營企業接管。在港府看來，經過市場調節的私有企業，可以更加靈活有效且付出較小的成本運作公共服務（more flexible and hence less costly practices）（頁35）。但結果卻恰恰相反，政府採納商界的思維模式發展社會福利，不僅促使政商關係過於緊密乃至形成利益同謀（collusion），也同時導致公正、公平、公義的社會價值體系被強調競爭、效率、產能和利潤優先的市場標準所取代（頁49）。這裏，顧汝德引用美國經濟學家Robert Heilborner的論述，明確指出「在經濟活動由市場統治的社會裏，社會／政府成為富人殷勤的僕人，而在窮人的需求面前卻淪為旁觀的聾子（A society where economic activities are ruled by the market will be an attentive servant of the rich， but a deaf bystander to the poor）。」（頁21）

第二，雖然香港經濟保持繁榮，但是政府卻不願意在社會服務項目上主動進行投資。政府官員長期以來都固執地認為，增加社會服務開支的舉措將不利於香港經濟的增長。換言之，在貧困階層身上花錢是一種對於經濟發展無法帶來增益的資源浪費。2005年，香港行政長官曾蔭權就曾表示：「政府永遠不能試圖用自身的資源幫助窮人，因為這註定是徒勞無功的，就像把沙子倒進大海來填海造地一

樣（the Government must never try to assist the poor using its own resources for this is doomed to failure...just like pouring sand into the sea to reclaim land）」（頁152）

　　第三，香港政府緊控社會服務開支是否是因為財政赤字而迫不得已做出的選擇？在亞洲金融風暴時期，首任行政長官董建華認為香港必須推行緊縮經濟政策，只有嚴控政府開支及公共投資，才能夠完成資產泡沫爆破後的痛苦調整，重拾香港的競爭力。但事實卻是，香港政府擁有足夠的預算儲備和現金，即便身處金融危機這樣的逆境之中也可以維持正常的福利開支及房屋基建等公共投資。2000年，香港的預算盈餘足以負擔22個月的政府支出；2013年，香港的預算盈餘能夠覆蓋23個月的支出（頁22-23）。在預算儲備總額一直增加，銀行體系穩健的背景之下，政府依舊採取審慎理財的態度嚴格控制公共支出，盲目地守著巨額儲備不用，任由公立醫療質素惡化，貧窮家庭居住環境持續惡劣，學校教育愈發走向市場化和精英主義，長期病患者、殘疾人士等弱勢社群難以獲得有效的社會服務和發展機會。統計資料顯示，教育經費支出佔香港GDP的比重由1997/98財政年的3.5%升到2003/04年的4.6%，隨後又在2009/10年降到3.6%；醫療衛生支出佔GDP的比重從1997/98

7　關於香港官商同謀的分析，可以參看Leo F. Goodstadt，*Uneasy Partners: the Conflict Between Public Interest and Private Profit in Hong Kong* (Hong Kong: Hong Kong University press，2009); Brian C. H. Fong，*State-society conflicts under Hong Kong's hybrid regime: Governing coalition building and civil society challenges*, Asian Survey 53 (2013): p. 854-882.

年的2.1%升到2003/04年的2.8%，繼而跌落到2009/10年的2.4%；社會福利支出佔GDP的比重也遵循相同的模式，從1997/98年的1.6%上升到2003/04年的2.7%，在2009/10年又降到2.5%；住房支出佔香港GDP的比重則由1997/98年的1.8%降到2009/10年的1.1%，降幅十分明顯[8]。

被邊緣化的新貧階層

香港政府的這些政策失誤是如何深度影響新貧階層的？在書中，顧汝德所使用的一個關鍵指標，就是觀察弱勢社群在房屋、福利、醫療和教育四個維度上所接受的公共服務是否有所改善。

房屋

房屋是生活品質的決定因素。香港寸金尺土、地少人多，住房歷來是困擾香港人的大問題。19世紀的學者王韜在《香港略論》一文中，就曾用「小如蝸舍、密若蜂房」八個字，形容當時香港華人的住房狀況[9]。1984年12月，中英兩國就香港的主權問題簽署《聯合聲明》，限制香港每年土地供應不得多於50公頃。有限的土地資源使樓價不斷攀升，從1985至1994年，房價以平均每年23%的速度遞增。1997年亞洲金融風暴爆發，香港地產業受到重創，大量業主變成負資產。為了挽救樓市和地產商，2002年，香港政府決定退出房地產市場，之後一直到2011年，房價平均每年增幅達19%之多，而同期的通脹率只有2%（頁101-

103）。在這三十年中，實力雄厚的地產商逐漸壟斷市場，地產業也成為香港經濟發展的重要支柱，形成了所謂的「地產霸權」[10]。

香港政府與地產寡頭的關係也變得十分緊密，不僅房屋政策向地產商傾斜，而且主動把土地控制權讓給地產界。顧汝德指出，港府房屋政策制定的最大失誤，不是將住房界定為市民對家的需求，而是將房屋看做資本市場的財富、價值和價格（failure to see housing in terms of people's home. Instead, housing was all about assets, values and prices）（頁103）。一個典型的例子是董建華政府的八萬五建屋計劃及其後續影響。1997年，特首董建華提出每年供應不少於85,000個住宅單位，幫助居民完成安居的心願，但伴隨著金融風暴的衝擊，香港樓價一落千丈。之後香港政府停止原有的政府公屋項目，政府決定除了向非常有需要的居民提供居所以外，將停止供應新屋，公屋建設應該由私營開發商承擔，因為私營開發商能夠更加高效地完成這一任務。此後，新公屋供應減少了60%。在1998年時，香港擁有約30,000套新建公屋單元；而到2011年時，這個數量降到了11,000套。反之，私營公屋的價格上升了近60%（頁37-38，90-91）。另一個案例是2000年時，政府宣稱

8 Wong Hung，*Changes in social policy in Hong Kong since 1997: Old wine in new bottles?* in Lam Wai-man, Percy Luen-tim Lui and Wilson Wong (eds.). Contemporary Hong Kong Government and Politics (Hong Kong: Hong Kong University Press, 2012)，p. 277-296, at p. 281.

9 王韜：〈香港略論〉，《弢園文錄外編》（上海：上海書店出版社，2002），卷6，頁148。

10 關於香港地產霸權的成因及對城市經濟活動的影響，參看Alice Poon, *Land and the Ruling Class in Hong Kong* (second edition) (Hong Kong: Enrich Professional Publishing, 2010).

擁有1000幅土地庫存，可以用來興建730,000套公屋。地產商遊說政府變賣其中的38幅土地以做私營房屋發展，這些地皮可以為政府帶來468.3億港元的財政收入，相當於當年財政預算盈餘的27%。政府也相信私人市場才是處理住屋需要的理想力量。其結果，不受控制的私人市場，造就大量難以負擔高額樓價和租金的家庭（頁96-97）。

社會服務

　　上世紀七八十年代，香港社會服務開始朝專業化方向發展，吸收了一批高學歷且關懷社會的社會工作人士，以爭取更公義的社會為服務目標。但是這種趨勢在九十年代逐漸消減，政府開始推行新的公共管理模式，終止按需要撥款的政策，轉為向受資助的社會服務機構推行整筆過撥款，加強競爭和和控制成本。從2000年到2003年，為了節省政府開支，港府提供給社會福利署和NGO組織的資助減少了9%。與此同時，政府在社會福利領域引入公司經理人制度，而擯棄專業社工人士作為機構領導，其結果，就是經理人按照企業模式進行管理，追逐市場利益、減少公司開支成為社會服務機構的主旨。在商業邏輯運作之下，社工為了爭取外間資源，不得不減少時間幫助弱勢社群（頁154-155）。

　　在書中，顧汝德點名批評了時任政務司長林鄭月娥，指責她過於迷信私人市場力量可解決社福需求。2001年，林鄭月娥出任社會福利署署長。上任後，她提出社會福利

的目標是增加消費者選擇，就好比遊客可選擇三星級或者五星級酒店那樣，最重要是物有所值（value for money）（頁156）。她甚至提出「花在社會福利上的每一分錢都是其他政策領域的損失」（every dollar spent on welfare is at the expense of other policy areas），而引進私營資本，反而可以提供更經濟有效的公共服務（頁155）。顧汝德指出，這種商界主導的模式罔顧福利民生需要，譬如在護老服務上，結果是許多老人家等到死也進不了護理安老院。

顧汝德又用了整整一章討論綜援制度（Comprehensive Social Security Assistance）。六七暴動之後，當時港英政府認為勞工問題是動亂原因，為了維持社會穩定，於是在1971年推出公共援助計劃，即綜援的前身（頁127-128）。1998年，政府面對經濟衰退，急需削減開支，於是向福利制度下手，改革綜援，削減綜援金額約5%。根據統計數位顯示，2012年，有73,000人有經濟需要而沒有申領綜援，其中有44,700人聲稱不願意申領（頁178）。在60歲老人這一群體中，從1999年到2011年，領域綜援的比例一直徘徊在15%上下，2011年只有13.5%的老人領取綜援（頁173），而這些長者和退休人士的工資收入中位數每月只有2,000港幣，遠遠低於未退休人士11,000的數額（頁179）。為甚麼有這麼多貧困人士特別是長者不願意領取政府援助？在顧汝德看來，因為負面標籤已深陷社會，領取綜援者往往被認為懶惰的貧困階層，不願意通過個體的勤奮去改善生活

而只知一味依賴於政府。但事實上，政府在計算綜援標準的時候，是用綜援住戶入息中位數跟總體個人入息中位數比較（兩者相若），而非跟高得多的總體住戶入息中位數比較，才造成「領綜援較工作好」的錯覺。前者在2012年的數字為13,000港幣，而後者則為21,000港幣（頁174-176）。

醫療

因為政府在公營服務中尋求私人資本的力量，有醫療需求的人士被迫流向私人商業市場，進一步加劇了社會分層，令沒有能力的弱勢群體淪為次等公民，有違公義與平等的基本價值。以香港的安老服務為例，有錢進入私營安老院的長者，除了不需要輪候資助安老院外，更可以選擇更優質、高消費的私營安老院；而無錢者，只能長時間輪候資助安老院的空缺，或入住次等的私營安老院。從資料上來看，在2007至2011年間，長者輪候長者院舍平均等候時間為兩至三年，有22,950人在輪候期間死亡（waiting to die）（頁157）。在2007至2012年間，輪候嚴重弱智人士宿舍時間維持約七年（82-83個月），同期輪候嚴重殘疾人士護理院雖然由40個月減至31個月，但絕對數字仍然超過兩年半（頁158）。

與此同時，政府在醫療開支上的投入也大幅縮水。1999年面對金融危機，首任行政長官董建華的應對之策，是耗資7.8億港元興建數碼港，試圖將香港放置在全球IT產業鏈的版圖之中以挽救香港經濟。同一年，香港醫管

局卻只獲得2.2億港元的資金扶持，用於藥品研製和醫療設備的更新和添置，這一支援遠遠難以滿足本地病人日益增長的醫療需求（頁45）。從2000年到2010年十年間，醫管局的床位削減了8%（頁145）。如果生了重病，患者則需要承擔全額或者部份醫療費用才能享受到以前免費的醫療服務。面對人口老化，老年貧窮的現象只會愈來愈嚴重，加上醫療通脹和醫護人手不足，未來香港政府在醫療開支的負擔也會愈來愈大。

教育

在教育領域，香港政府也是通過引入市場化的競爭環境藉以提升教育素質，但結果卻是精英學校一方面收取高昂學費，同時獲得大量公帑資助，而普通學校則愈發難以獲得足夠的教育資源。有錢的中上階層可以將孩子送到私立學校接受西方式教育，而貧困家庭和低收入家庭的孩子則只能流向一般的公立學校或者職業學校。這種強化社會分層的做法阻礙了社會流動，與港府「融合教育」的目標背道而馳。

1991年，港府推行香港教育資助計劃（Direct　Subsidy Scheme），目標是以促進優質的私立學校發展，為學生提供非官立中學及資助學校以外的更多選擇。至2012年，有84所學校接受計劃資助，資助金額達到3千4百多萬港幣，這一計劃滿足了中上階層讓孩子接受更好教育的願望，卻同時也將貧困家庭和低收入家庭的孩子拒之門外（頁151）。1991年，

來自香港貧困家庭和收入居於前10%的家庭的居民入讀大學的比例基本相同。至2011年，貧困家庭中只有13%的人讀過大學，而在收入居於前10%的家庭中，則有48%的人讀過大學。同年，有360,000學生需要接受政府補助以滿足他們的教育需求（頁150）。從2008年到2012年，殘疾兒童等待早期介入學前教育（pre-school）服務的時間也顯著延長了50%。在2012年，這一群體中有44%的殘疾兒童無法享受這一服務（頁159）。

貧困者的聲音

一個值得注意的現象是，儘管香港政府的諸多政策失誤導致新貧階層湧現，但香港貧困社群並未有爆發對於政府的不信任，關於社會福利的抗議運動，也十分鮮見（頁79），這和最近幾年香港因為政治議題而激增的街頭社會運動形成鮮明的對比。根據2010年的一份調查顯示，在月收入低於5,000港幣的低收入人士中，有36%的人對於政府政策表示公平（頁76）。其他學者也發現，香港的貧困人士更傾向於將貧窮問題歸結為個體的原因，而非政府決策上的結構性失策，也因此對於社會不公有著更大的包容[11]。

對此，顧汝德指出，香港政治生態長期以來一直都是一種「禮貌政治」（polite　politics）（頁71）。香港社會成熟、自律，民眾務實、溫和，並且當政府推出各種惠民的政策時，就會受到市民的尊重（頁19）。儘管輿論媒體對政府指責不斷，政府官員也經常爆出醜聞，但整體而言，香港社

會傾向於相信政府和官員。香港民眾的這種善意就更加要求政府在社會福利議題上做出正確的決策，將政策的重心集中於貧困社群身上，給予他們平等的社會支援，根據他們的需要提供相應的公共服務，而非通過競爭性市場規定貧困人士可以負擔得起甚麼樣的服務（a commitment to supply services and facilities on the basis of what the vulnerable need rather than on what they could afford to pay for）（頁221）。

貧困問題的制度性根源

顧汝德將香港的貧困問題歸結為政府的施政失誤和過度偏袒商界利益，而非經濟結構轉型或者個體的原因，這樣的觀察是中肯的。但我們不禁要問，如果說某一屆政府或者某一位政府官員出現施政失誤，是來自於該屆政府和官員對於經濟形勢的誤判，那麼為甚麼香港自回歸之後的三屆政府都連續出現政策上的失誤？都紛紛和商界同謀，將政策規劃的重心偏向於商界利益而非貧困社群？這背後是否又蘊含著更深層次的制度性誘因？畢竟，任何一項政策的制定，或者政策的延續，都脫離不開其所嵌入的制度運作邏輯。

對於這些問題，顧汝德並未有在此書中給出正面的回答，但是卻提供了一些分析線索。顧汝德指出，《基本法》在條文設定上，就偏重於以香港的經濟發展為第一，社會

---

11 Timothy K. Y. Wong, Po-San Wan and Kenneth W. K. Law, *Public perceptions of income inequality in Hong Kong: Trends, causes and implications*，Journal of Contemporary China 18, no. 61 (2009): p. 657-673.

需求次於經濟發展（頁58）。在《基本法》159條規定中，有34條細則是用來界定香港自由放任市場的經濟和商業結構，而關於社會福利的條文則普遍比較含糊和欠具體（頁2）。在顧汝德看來，《基本法》的這些原則性規定，直接設計出了一個「沒有福利的世界」（a world without welfare）（頁70），並導致任何違背工商業利益的提案都很難在立法會獲得通過（頁59）。與此同時，香港的三任行政長官，都致力於將香港的經濟發展放置於中國經濟規劃的宏大版圖之中，特別是2011年十二五規劃突破性地將「保持香港澳門長期繁榮穩定」單獨成章，配合中央政府的十二五規劃，深化內地與香港的經濟合作自然順理成章地成為香港政府工作的重中之重（Our most important function today， with relation to our country， is to dovetail our financial system with that of the Mainland）（頁42）。很顯然，顧汝德的潛台詞，是香港政府在政策制定過程中，中央政府因素的影響不容忽視。

在筆者看來，形成香港政商同謀局面的一個關鍵性動因，是管治者為了消解他們所面臨的政治原罪而刻意安排的制度性設計。九七回歸之前，港英政府在香港的管治是帶有鮮明的政治原罪色彩，即作為一個外來政權，殖民地政府先天缺乏當地人民的認可，因此任何的殖民地管治都帶有政治原罪，只能通過增加被治精英的參與與認同來達到維持良好管治的目的。特別是在港督麥理浩（Sir Murray

Maclehose) 時代，麥理浩決定啟動多項社會改良，通過推動香港社會的發展以確保在即將到來的中英談判這一關鍵時刻中佔有更多的談判籌碼。在這樣的背景之下，港英政府開始大量吸收商界精英（特別是地產界大亨），並將他們視為「社會代表」去輻射更廣大的普通民眾。這種所謂「行政吸納政治」的手段，一方面可以確保本土華人的商業利益，在官商權力相互支持的基礎上得到進一步發展，另一方面也可以通過提攜商界精英，通過這些港英政府與華人社會的「中介」們的運作，以達到維持良好管治的目的[12]。

中英談判開啟之後，原有的四大英資壟斷行（怡和、太古、和記黃埔和會德豐）從香港撤出。這四大行的市值佔當時香港上市公司總市值近半，有能力操控貨幣供應、股票市場及政府政策。而當他們撤走後所留下的位置，自然交給了華人企業家和大地產商。因為這些商界領袖在香港社會上所扮演的重要角色，以及八十年代香港經濟的成功飛躍，他們因此迅速成為紅色統戰的重要對象，承擔着中央政府與港英政府及倫敦在非正式管道接觸的政治責任，同時也促使中央政府相信，香港一路走來的成功，要歸功於這一部份精英人士。

九七回歸之後，香港依舊沒有擺脫原罪場域的束縛。中央政府的政治原罪源於1989年六四事件對香港本土政

---

12 嚴飛：〈殖民管治香港的要義〉，《二十一世紀》（香港中文大學‧中國文化研究所），2013年6月號，頁122-129。

治生態所帶來的巨大衝擊，並由此迫使香港出現政黨政治，本土民眾在政黨的認同上也愈來愈疏遠，不信任中央政府[13]。在這樣的背景之下，為了維護香港社會的穩定，特別是增強香港民眾對中央政府的信任，消弭他們在回歸前因為六四政治風波所產生的政治恐懼情緒，中央政府更加積極地有策略性地拉攏本土工商界精英、富豪家族代表，並將他們納入統戰聯盟，安排進入一些權力機構擔任職務，一方面希望藉此擴展香港的政商聯盟，使其繼續成為特區政府管治的中堅力量，續寫八十年代香港經濟飛躍的成功，另一方面也希望在政治層面制衡香港的民主派政黨。

從港英政府到特區政府，這種依賴商界精英以潤滑社會摩擦的制度性安排自然有其合理性，但也生出諸如裙帶資本主義（crony-capitalism）這樣的弊端：根據《經濟學人》發佈的「全球裙帶資本主義指數」的調查顯示，香港的裙帶資本主義指數高居全球第一，富豪財富佔GDP的比重接近80%。在其他大型經濟體中，俄國排名第二，英美分別排名第15、17位，而中國內地則排名世界第19位[14]。

所謂裙帶資本主義，指的是經濟利益和政治利益沿著血親、姻親和密友關係畸形地集中起來，特別是商界和政界不道德的合謀，將大量的財富和資源集中在一個具有庇護關係的小圈子裏，並且在基礎行業裏形成壟斷和財閥，導致私人政治凌駕於公共政治之上。譬如排名第二的俄羅

斯，在後共產主義的政治轉型中，政治人物獲得自然資源的控制權，從而導致商品價格逐年抬高，這些政治寡頭的身家也水漲船高。排名第四的烏克蘭也是相同的情況。

按照《經濟學人》的界定，有十個行業被定義為高度競租產業：賭博；煤礦、棕櫚油、木材；軍工；存款銀行以及投資銀行；基礎建設以及管線；油、電、化學品以及其它能源；港口、機場；不動產及建築業；鋼鐵冶金和採掘；公用事業及電信業。依靠這十個行業產生的億萬富豪財產佔GDP的比重就構成了裙帶資本主義指數。雖然《經濟學人》也強調，競租行為，有可能是合法，也有可能是不合法，但壟斷行業更容易產生腐敗卻是不爭的事實。至於中國的情況，有學者曾指出具有黨員身份的企業家因為與政府關係良好，從而有更高的比例獲得國有銀行的貸款幫助，賺取市場利潤，這是不是也應該算一種裙帶關係？

在此背景之下，香港政府的施政措施受到極大的影響，在制定政策時常常傾斜於工商業利益。壟斷階層的強大發展到了今天，甚至出現當大企業家們的利益無法得到滿足時，他們會繞過香港特區政府，直接尋求中央政府的幫助，並遊說中央政府向特區政府施壓，以改變他們的政策決定[15]。

13 嚴飛：〈香港大陸化，還是大陸民主化〉，《二十一世紀》（香港中文大學・中國文化研究所），2011年12月號，頁15-22。

14 The Economist, *Our crony-capitalism index: Planet plutocrat, The Economist* 410 (2014): Pp. 60-61.

15 Brian C. H. Fong, *The partnership between Chinese Government and Hong Kong's capitalist class: Implications for HKSAR governance*, 1997-2012, The China Quarterly 217(2014): p. 195-220.

　　綜上所述，通過顧汝德的分析，我們可以看出，香港所面臨的貧困問題、社會兩級分化，以及連帶的社會流動僵化，都和香港政府固守工商界利益的政策思維密切相關。如何保障已經被邊緣化新貧階層的福利，又如何提升社會大眾整體向上的心氣，讓普羅民眾不再陷入會被邊緣化的擔憂之中，香港政府還需更大的施政智慧。

裂變：歷史轉折中的香港

「這是埋藏了30年的懸念揭幕的時刻。香港2017年到底能否如人大在2007年承諾的那樣，爭來民主普選？幕布背後是北京的答案，答案背後卻牽動著這座城市累積多年的民情變化、世代更迭、以及人心向背。」（頁34）

這是《香港三年》一書中的提問。答案在今天早已揭曉，不過答案背後的民情變化、世代更迭和人心向背卻依舊如暗潮般，激烈地翻滾著。

《香港三年》由《端傳媒》時任主編張潔平和前編輯鍾耀華編著，書中的大部份內容，也都是《端傳媒》記者的深入報導，是「作為媒體工作者盡己所能的推進與梳理」。全書共分兩大部份。第一部份「反對運動的集結與分裂」，聚焦從2013年初到2016年初這三年中，香港身處劇烈的政治變局衝擊之下，從佔領中環、雨傘革命再到旺角暴力騷亂，新的社會及政治運動模式、新的政治勢力，新的身份認同如何出現、發展，並走向分裂的過程。第二部份「香港的記憶戰場與拾遺」，則將關注的焦點，從三年拉到三十年的歷史縱深之下，去深度剖析今日香港民主政治所埋下的諸多問題，是否有其歷史的根源；在歷史的延展中，身處其間的人們的命運又是否有其相似性。

「中生代」的香港夢想

此書的主編張潔平，是一位典型的「中生代」香港人。所謂「中生代」，意即在中國大陸出生，來港讀書工作繼而留港的新一代香港人。在此獨特身份背景之下，張潔平在香港找尋到自己心中的那份新聞理想主義情結，並投身其間，用新聞記錄一座城市的時代變化。

在我對張潔平一份訪談中，她曾這樣闡述自己的身份立場與敘述角度：「我來自中國大陸，熟悉這裏發生的故事和它背後的大部份脈絡，而同時我在香港，這國家唯一的新聞自由特區，並在一個不錯的新聞平台享有寫長篇深度報導的機會——這樣的機會在香港媒體可遇不可求。那麼多的重要事件，因為中國大陸的新聞管制留下一片一片的空白；還有民間社會湧現的許多人物，就在境內的封殺和境外全然政治化的解讀中，模糊了本來具有豐富細節的面孔，也模糊掉了所有對於歷史的啟示意義。對於一個新記者來說，身處這樣的位置，很難沒有野心，也很難沒有使命感。當然還有惶恐，每時每刻——擔心自己判斷有誤，在複雜的局勢裏抓不住最要緊的重點；擔心自己功力太淺，辜負了一段含義豐富卻無人知曉，錯過就不存在的歷史。在我所處的位置，是真的有『新聞是歷史的草稿』的使命感。對我而言，這也是記者這個職業不可替代的意義所在：記錄這個時代，不僅為了今天，也為了歷史。對已經過去的和正在發生的事負起責任，世界才有變好一點點的

可能。我會一直做記者。這是我熱愛並願意一直做下去的工作。在這個信息龐雜的時代，我只希望自己不要留下太多垃圾。我不想寫自己不會買的書，不想寫自己不會讀的文章。在中國，在香港，有那麼多空白等待著人去記錄，我只希望修煉好自己，不要辜負。用手工藝者的耐心去打磨，做一個好的記錄者，好的寫作者[1]。」

2013到2016，香港社會進入一個空前政治化的時期，媒體上對於社會政治議題的挖掘與爭論也非常活躍。政治運動必然伴隨著文化運動，這是本地媒體一個非常難得的機會。在此背景之下，張潔平和她的《端傳媒》，記錄大時代，用這本《香港三年》參與到新香港文化精神的論述中。

風起雲湧的三年

香港三年，按照編者的說法，是自香港大學法律系副教授戴耀廷發起非暴力不合作的佔中倡議始，到旺角發生暴力騷亂止，中間所經過風起雲湧的三年：

2013年1月16日，港大戴耀廷在《信報》發表題為《公民抗命的最大殺傷力武器》文章，明確指出「公民抗命」是殺傷力最大的武器：「以現在的形式看，北京政府會讓香港有真普選的機會並不大……到爭取真普選的最後時刻，要有包括意見領袖在內的一萬人以上，違法、非暴力、長期

---

1 嚴飛：《我們的香港：訪談這一代香港文化人》（香港：文化工房，2014），頁185，188。

地戰領中環要道，癱瘓香港的政經中心，迫使北京政府改變立場。」（頁21）

2014年8月31日，後來被稱為「8‧31決定」的香港特首普選框架出爐，明確規定選舉的提名委員會人數按照此前1200人的選舉委員會設立，由工商界、專業界等四大界別構成，有意參選特首的候選人必須要獲得提委會「過半數」支持，同時必須符合「愛國愛港」的要求（頁35）。面對這份全面否決佔中醞釀期的普選方案，「佔領中環」運動隨即發佈新聞稿表示：「今天對話之路已經走盡，佔中必定發生」（頁37）。

然而，「佔領中環」最終沒有發生，87枚催淚彈，卻於9月28日催生了由學生帶領的「雨傘運動」——一場歷時79天、在金鐘政府總部外的大型佔領運動，給香港的民主運動帶來了前所未有的高峰體驗。79天後，12月15日，雨傘運動悄然落幕。「和平理性非暴力抗爭」成效備受挑戰，一度團結一起的公民社會，開始出現分裂的態勢。

2015年6月18日，立法會否決了由北京指定的政治改革方案。不過，在「8‧31決定」長期有效的政治現實面前，爭取雙普選（特首和立法會普選）的民主路徑，催生出一個更為焦慮的問題：「香港，該向何處去？」（頁85）

2016年2月8日晚上，原應喜氣洋洋的大年初一，卻在黑夜中，爆發了一場長達12小時的大型警民衝突。在政府

定性為「旺角騷亂」、「旺角暴亂」，而民間宣揚為「魚蛋革命」的命名爭議之中，香港人確確實實地見證了躁動民意如何催生暴力抗爭。魚蛋背後，是香港這三年的政治激鬥，其暴力及破壞性對香港的政治文明產生了巨大衝擊；香港的管治方式及能力出現大倒退，只懂用法律、警棍及政治口號製造仇恨，其結果，「真正大規模暴動危機，正迫在眼前」（頁205）。

全方面的分裂

香港，是一個撕裂的社會嗎？我在一篇文章中曾明確指出，在政黨和社群兩個維度上，「政治歸邊愈加嚴重，尖銳對抗的局面令所有人擔憂：香港社會在事實上正在趨向一種撕裂的狀態，而且這種趨向存在著加速度演化的可能性$_2$。」而在風起雲湧的三年之後，香港所面對的，是更加全方面的深度分裂。

提出「佔中」倡議的戴耀廷，在接收端傳媒採訪的時候，如此交心：「最初就是想要劃一條底線，這個底線要比普選拉倒更低，要是一個更加無法收場的局面。誰也不想這件事發生，那麼理性的各方應該做的，就是比底線好，而不是向著底線去。在這個過程裏逼著大家去找到共識。」（頁20）

2　嚴飛：〈香港：這是一個撕裂的社會嗎？〉，《二十一世紀》（香港中文大學·中國文化研究所），2013年12月號，頁120-124。

　　而另一位關鍵的領袖，香港中大教授陳健民，亦表達了相類似的想法：「我們守住這個激進的位置，可以讓更加激進的人變得邊緣。而我們和他們不同的是，即便我們不談判，也至少不會去攻擊談判的溫和派」（頁24-25）。在這一點上，無疑，「佔中三子」的目的，是通過一場運動，讓以他們為代表的溫和的人走出來，站在激進的一邊，才可以讓原本溫和、激進相對立的光譜重新洗牌（頁24）。

　　而現實的走向卻恰恰相反。一場「雨傘運動」，導致香港社會深度撕裂為「黃」、「藍」兩大陣營，且撕裂的口子一大打開，難以縫合，愈開愈大。在佔中者內部，出現了以「佔中三子」為代表的溫和派和宣稱革命的「勇武派」。前者提出「革命的誘惑」論斷，深刻反思革命論在香港的種種限制，以武制暴是否可以做到為人民充權的目的，並明確指出，雨傘運動在香港沒有升級至革命的可能（頁153-155）；後者則指責「三子」是「一種革命誘惑下的情緒」，缺乏徹底佔中的決心，是「領袖的誘惑」（頁157-158）。而在《信報》前總編輯練乙錚的分析裏，香港社會出現了三種深度分歧的抗爭路：一是「被動型公民抗命」，即「佔中三子」提出的完全和平、坐著進行且主動接收逮捕的抗命行為；二是「進取型公民抗命」，即非暴力、含衝擊、不主動接收逮捕的抗命行為；三是「勇武型抗命」，即包含攻擊性、以武抗暴，盡量避免逮捕的抗命行為（頁172）。在「勇武派」看來，武力革命，一方面是面對政權警察聯手，抗爭

者無計可施下被逼出來的產物。另一方面，既冠之以「革命」，則必須涉及以抗爭和暴力手段。從旺角事件，再蔓延至之後的阻嚇侮辱大陸游客，都被視為勇武有效的例子（頁165）。

今日的香港年青人，「保衛香港」成為情感動員力量，動員他們投身激進的政治行動之中。他們可以超脫政黨本身的束縛，以非政黨的組合甚至乃至以獨立個體的身份，單單通過激進的口號和行為，就可以在年輕群體裏脫穎而出。

何種激進？用本土派代表梁天琦的話說，是「沒有底線的」（頁250）。在本土民主前線主導的旺角騷亂中，示威者不顧人命地投擲磚頭，在黑夜中四處點火。此前，他們亦不時的在屯門、沙田發起所謂的「光復行動」，以惡鬥的姿態驅逐內地遊客和水貨客。而這樣的激進，其結果，是梁天琦在首次代表本土民主前線參選立法會新界東地方選區補選時，獲得15%的高票，位列第三（頁249）。上升到政黨層面，就是過去捆綁泛民支持者於同一陣營內的「泛民統識」已經逐漸消弱，分裂成為常態。以本土民主前線為代表的激進派，不僅僅只是單純靠瓜分選票生存，而是已經實質發展出其獨有的群眾組織，放棄吸納支持泛民的保守溫和選民（頁226）。

三十年的範式轉移

中港政治權力的角力，本土與家國，抗爭與民主，改良與革命，這些是今日香港的話題，也同樣是七十年代的話題。

七十年代中期的時候，香港的大專學界，也曾就上述這些問題，劃分為兩派：提倡認同中國的國粹派，和強調切不可盲目認同中國，支持本地認同、本土抗爭的社會派。社會派指出，要批判地認識中國，以行動改革香港：

「中國是我們的祖國，正如母親之於我們有著親切的感情……突然母親站在我們面前，讓我們仔細端詳，這種莫名的喜悅實非外人所能道……我們強調認識祖國要『是其是，非其非；愛之深，責之切』」。（頁318）

四十年後的今天，當年的社會派紛紛成長會後來的泛民主派，在香港政壇上扮演重要角色，而新崛起的本土派則開始批判泛民主派的思考框架過於認同大中華，對香港本土沒有足夠的重視。港大學生會，連同另外三家學生會，亦已發動公投成功退出學聯（頁320）。「是其是，非其非；愛之深，責之切」，這樣的論述是再不會出現在今時今日批判者和抗爭者的視野中。

民主黨紀律委員會主席、支聯會副主席，麥海華接受《端傳媒》採訪時直言，「現在年輕一代要求革命，要推翻一切，甚乎認為民派也是在阻礙民主發展，搞了

數十年，民主回歸也是垃圾，但是他們沒有策略，是情緒化，認為只要老一輩都走掉就好了……現在的情況是太情緒化了，太過希望推倒一切，如果連民主派所建立的少數否決力量也被打垮，就會被建制派壟斷機會，到時甚麼也沒有辦法，香港就會走新加坡的路，高壓操控，不可翻身」(頁323)。

三十年之後的香港，話題依舊是過去的話題，但是抗爭和爭取民主運動的範式，已經徹底轉移。在政治訴求上，過去所追求的「民主回歸」已經轉向為本土主義的「獨立自決」；在抗爭手法上，也從過去強調和平理性非暴力轉向為「勇武抗命」；而在組織領導上，則由菁英主義轉向為扁平化的民粹主義$_3$。新的路線，又如何在歷史的脈絡裏找尋到根源，這還需要更加深入的思索。

另一角的立場

《香港三年》所收錄的文章，絕大多數都聚集香港內部，從不同角度對運動的參與者，包括佔中發起人、廣場的學生、街頭年青人、前線的警察、參與活動的港漂進行白描式的勾勒。然而比較遺憾的是，這部份記錄，缺少了北京政府和大陸居民的聲音，只有《攤牌》系列文章裏有零星的提到，對北京大學法學院強世功的訪問。從學術研究的角度出發，我認為這樣的記錄是不夠完整的，當缺少對

3　Malte Philipp Kaeding, *Resisting Chinese influence: Social movements in Hong Kong and Taiwan,* Current History 114 (2015): 210-216; Malte Philipp Kaeding, *The rise of 'localism' in Hong Kong,* Journal of Democracy 28 (2017): 157-171.

事件所有參與者 (actors) 的分析時，就難以讓我們把握北京的政策制定細節和背景，以及其背後的政治邏輯。

我們目前可以知道的，是在北京看來，行政長官是鞏固中央與香港特區關係最為重要的紐帶，因此必須牢牢把握住對行政長官和香港政府主要官員的最終任命權，確保香港的行政主導權只掌握在「愛國愛港者」手中：「中央政府作為國家主權的代表，對於治下的一個特別行政區的政制發展是具有毋庸置疑的主導權的。中央對於其轄下的一個享有相對高度自治權的特別行政區域行將舉行的特首普選，作出必須是愛國愛港者當選的要求，是再具有正當性不過了[4]。」「如果進行普選或過早進行普選，就很有可能令民主派掌握權力，進入立法會多數議席，甚至當選行政長官，這便無法保證所選出來的特區政府必然跟中央政府意願相符。如果一旦因此引發政治對立甚至經濟倒退、社會混亂，中央政府就將背負一國兩制失敗的罪名。因此，在香港落實特首普選必須符合基本法和全國人大常委會的相關規定，以保證真正愛國愛港者當選。這是一個不容退讓的原則問題。中央不可能作無原則退讓[5]。」

然而在這樣的國家主權觀的包裹之下，我更加想知道北京一系列對港政策出台的細節如何。這裏面除了我們知道的強世功之外，又有哪些學者、智庫機構、行政部門參與到政策的具體制定當中？這其中在數輪的研討定案過程中，曾有過哪些議題的爭論？在過去的十年乃至二十年裏，

中央政府對港政策，在學者分析的政治、經濟和意識形態吸納 (incorporation strategy) 這三個層面裏[6]，是否有過波折和變化？如果有波折，又是何種力量和政治考量導致政策的改變和政治維度的收緊？對於新聞媒體而言，這一部份的採訪、記錄和追踪，是非常有必要的。

與此同時，我們知道，在社會運動當中，有運動的抗爭者，就會有運動的地址者。那麼，從普通參與者的角度出發，又是哪些群體加入到「黃營」之中，熱烈地反對佔領運動？他們為何會有如此強烈的反對訴求？他們的生命故事又為何？他們是如何看待愈演愈烈的中港矛盾？他們對於未來香港又有怎樣的期望？

此外，有一批特殊的「中生代」香港人的聲音，長期以來一直被忽略——這就是在香港各大學從事研究工作的內地學者。這一批內地學者的共有特徵，就是普遍成長於內地，在北美最好的大學接受博士階段的學術訓練，並在香港的大學裏長期任教，在一個較長的時間段裏經歷過香港回歸後的諸多變化。他們對香港的社會、政治發展的關注，雖然在立場上更加糅雜，但在學科方法上卻更加嚴謹。譬如，香港科技大學社科部的吳曉剛，長期主持香港社會動態追踪調查 (The Hong Kong Panel Study of Social Dynamics)，旨在追踪香港社會和經濟的變化及其對

4　張定淮：〈愛國愛港者治港原則絕不能動搖〉，《人民日報》，2014年8月24日，海外版。

5　同上。

6　Brian C. H. Fong, *One country, two nationalisms: Center-periphery relations between Mainland China and Hong Kong*, Modern China (2017): https://doi.org/10.1177/0097700417691470

個人的影響。他們曾分別在2011、2013和2015年完成了三期調查，抽樣時間正好跨越佔中運動，在樣本代表性和數據分析上也因此更加具有代表性[7]。同樣來自於香港科技大學社科部的蔡永順，長期關注社會運動，新近剛出版一部有關佔中運動的專著，討論去中心化的社會運動如何得以持久延續[8]。香港大學政治學系的閻小駿，則從政治學的角度提醒我們，「一念起關山」──新一代中國政治精英對香港的看法，將在很大程度上影響未來北京的治港政策[9]。

結語

社會抗爭運動從興起到最後的消退，其結果一般而言不外乎以下幾種。

第一種，社會運動發生轉化，街頭的抗議示威轉向成為其它形式的政治參與，運動參與者被吸納成為體制內的壓力團體或政黨。第二種，社會運動制度化。制度化的結果，使得社會運動不再是某種異己的、被排斥的非正常行為，而是被整合成為一種自我持續化、常態化、普遍化的民主生活的一部份。也就是說，社會運動成為一種被政權所認可的政治表達和運作方式，而社會更個階層也願意容忍抗議所造成的日常秩序的擾亂。在一個政治條件十分開放的社會中，社會運動全面體制化，就會形成所謂的「運動社會」（movement society）的普遍現象[10]。第三種發展方向即是徹底衰退，亦即社會運動並沒有達成預期的目標，動

員的風潮卻逐漸減退，參與者們開始產生各種「失望」的負面情緒，組織內部甚至出現分裂，同時旁觀者也不再給予積極的響應，其結果，運動偃旗息鼓，運動所倡導的議題也不再引起注意。第四種，社會運動無法被體制化，反向走向極端，一些微小的抗議事件逐漸累積演化成為革命的形態，並最終促成改朝換代的結果。但是革命只有在特定的政治條件之下才會形成，譬如在一個封閉的威權政體之下，由於國家無法提供制度化的合法抗爭渠道，失控的抗議事件就有可能導致一場大革命；而在民主國家中，這一類型的事件最多發展成為無秩序的暴動或者騷亂，並不會對政體本身產生衝擊。

具像到香港的社會情境中，很多分析會把雨傘運動當成是新時代的開始，在本土身份發展成型的基礎之上，一整個跨越不同年齡、階級和身份，攜手抗爭的「雨傘世代」已經集結，宣告著「香港政治冷漠世代的終結[11]。」

然而有趣的是，根據《香港三年》裏一個片段的記錄，佔中運動之後，一位曾經激昂的運動參與者，曾不無傷感的發現，當時一起流淚一起抗爭的戰友，「感情多少有點

7 有關香港社會動態追蹤調查的詳細介紹，可參看Wu Xiaogang, *Hong Kong panel study of social dynamics (HKPSSD): Research designs and data overview*, Chinese Sociological Review 48 (2016): 162-184.
8 Cai Yongshun, *The Occupy Movement in Hong Kong: Sustaining Decentralized Protest* (London: Routledge, 2016).
9 閻小駿：《香港治與亂：2047的政治想像》（香港：三聯書店（香港），2015）。
10 David S. Meyer and Sidney G. Tarrow, *The Social Movement Society: Contentious Politics for a New Century* (New York: Rowman & Littlefield, 1998).
11 鄭煒、袁瑋熙：〈「雨傘運動」：中國邊陲的抗爭政治〉，《二十一世紀》（香港中文大學‧中國文化研究所），2015年2月號，頁22-32。

淡掉。」運動期間，「大家有共同理念而留在佔領區，但回歸現實，大家始終各有各忙，性格可能合不來，有的人感情深了，也有些淡了。」（頁114）

　　不同立場、不同態度、不同行為、不同訴求，在一國兩制的框架下，香港社會能否找到一條獨特的民主路，在不與「一國」原則對抗的前提下活出其尊嚴？這便是「被時代選中的我們」所面對的挑戰（頁164）。

政府干預 vs. 放任市場：香港的實踐

發展型國家理論

自上世紀六十年代開始的近二十年中，以東亞為首的一些國家和地區在經濟發展領域迅速崛起，日本的經濟年增長率超過7%，韓國、新加坡、香港以及台灣地區的經濟年增長率超過8%，高速的經濟增長使這些國家和地區創造了令世界注目的經濟奇蹟。這些經濟發展的成就引起了許多學者對經濟奇蹟背後的制度性因素的探究，並形成了一種發展型國家理論。

發展型國家被認為是介於英美市場模式與社會主義計劃經濟之間的一個國家介入但採取市場經濟的模式，用較早研究發展型國家理論的學者 Chalmers Johnson 的話來說，就是「計劃-理性」（plan-rational）的形態，而與英美的「市場-理性」（market-rational）類型相區分。「計劃-理性」的國家比「市場-理性」的國家更有意識地介入市場運作，而不只是制訂市場運作規則而已。簡單的說，在「計劃-理性」的國家中，政府給予工業政策最大的優先，重視國內工業的結構，並提升其結構以強化國家在國際上的競爭力。

在發展型國家理論的討論裏，國家要能夠有能力決策和執行既定政策，首要的因素就是國家能力（ state capac-

ity）。而國家能力又依賴於兩個因素，其一是國家的自主性
（state autonomy），也就是決策官僚能夠拒斥私人利益的
影響，而從國家政體長遠的角度來規劃發展政策；其二是
國家與私人資本之間的關係，即國家必須建立一種制度化
的體系，將具有主導性的官僚組織與私人資本連結起來，
從而扶持、管理和引導私人資本往策略性產業傾斜，推動
社會經濟發展。

管治的互相依賴

在傳統觀點看來，經濟全球化的趨勢限制了國家能
力，造成了「國家無能」局面的出現：首先，國家喪失自主
權，在跨國資本面前顯得無能，民族國家的組織凝聚力已
失效；其次，因全球化市場經營者的助力，資本、金融及科
技都可以毫不費力的穿越國界，並迅速地減弱國家干預
社會經濟的能力，客觀上影響社會權利（如教育、勞動就
業、勞動保障、失業保險、醫療保險等）的實現程度。因
此，「國家無能」的意思，即是指國家政府在國內外扮演權
力行使者的角色將會減少或被替代。

《國家的神話》一書的作者 Linda Weiss 卻提出了一個
與全球化傳統觀點相反的論點。Weiss 認為，「國家無能」
觀點的倡導者們，忽略了國家與社會組織之間關係的重要
性。事實上，全球化不僅沒有減少，反而是增加了國家政
府的國家能力，並且使其成為在國際競爭中的一個重要優
勢。國家能力在這個範疇裏是指「能夠制定和執行經濟轉

型政策和策略的能力，通過政府與私人經濟團體的合作，提升或轉化自身的工業經濟」。

在這裏，Weiss進一步指出，國家與社會組織之間的關係，並非對立和衝突，而是一種呈現出雙相依賴的協同性，即「管治的互相依賴」（governed interdependence）。按照Weiss的定義，「管治的互相依賴」是指：「在這種關係中，公共與私人參與者都保持他們的自主性。然而，他們都要被政府制定的寬大目標所治理和監察。在這種關係中，領導的角色會直接由政府或被委派的私營行業扮演，這些私營行業都會接受政府政策的哺育，建立健全並有組織性的基礎設施。」（GI refers to a negotiated relationship, in which public and private participants maintain their autonomy, yet which is nevertheless governed by broader goals set and monitored by the state or delegated to the private sector where a robust organization infrastructure has been nurtured by state policies）簡單的說，國家運用權力的自主性於社會經濟改革之中，與經濟組織（特別是私人企業）之間在經濟政策制訂、實施等方面互相溝通、達成一致，建立起規範治理的互相依賴聯結制度，從而進一步強化國家能力的有效性。因此，「管治的互相依賴」這個概念表達了一個基本事實，企業依靠它們的政府去建立和哺育所需要的條件，以奪取市場，另一方面，政府也需要依靠企業來製造就業機會和經濟增長，這兩者之間的相互依賴關係是通過公營機

構來合作，並且是被管治的。

　　為了論證管治的互賴這一概念，Weiss又具體分析了日本發展型國家模式的演變和協調、瑞典國家經濟管理的分配型模式、德國工業系統中分配與發展相結合的雙重發展模式，並指出它們是如何在面對全球化入侵的時候，利用國家能力的分配和發展資源，主導經濟轉型，回應全球化。Weiss發現，從這些國家迅速發展的經濟歷程來看，都是一方面給予企業能高度自我管治的空間，另一方面也建立起一種使企業不得不依賴政府的協同關係來推動國家的整體發展，而不是一味「市場萬歲」，也不是一味強調政府干預市場。

　　為甚麼Weiss教授的這本理論著作，值得香港深入反思和借鑒呢？

　　香港在殖民地統治時期，港英政府建立了一套新自由主義經濟體系，通過採取「積極不干預」政策，將香港由一個轉口貿易港，發展成為國際金融服務業中心，香港也因此一度被視為「自由市場之最後壁壘」，就連諾貝爾經濟學獎得主弗利民（Milton Friedman）都曾讚揚，正是香港的自由放任政策，方才造就了香港今日的經濟奇蹟。

　　「積極不干預」政策是由曾擔任過香港財政司的兩位經濟學家郭伯偉爵士（John Cowperthwaite）和夏鼎基爵士（Philip　Haddon-Cave）所塑造。作為亞當·斯思「看不見

的手」的自由市場學說忠實信徒，郭伯偉拒抗「多管閒事的政治人士」干預香港經濟的企圖，甚至一度拒絕收集經濟統計資料，以擔心會給政府官員增加干預的藉口。他的繼任者夏鼎基在郭伯偉基礎上，提出了「積極不干預」一說，用以形容香港政府理論上堅拒干預市場的行為，從而將自由主義學說提升至意識形態上的境界。

但事實上，「積極不干預」的實質，是港英政府以英資財團的利益為基礎，有選擇性地干預香港的經濟發展。上世紀六十至八十年代，港英政府與英資財團聯手合作，改善了香港的基礎建設、公共事業、銀行及金融制度，以及國際貿易網路；與此同時，不少本地的工業家亦非常倚賴英資財團，兩者從而構成了一種相互依存的關係。英資財團的代表更晉身立法局及行政局，成為了政府政策的制訂者。

回歸之後，香港特區政府放棄不干預政策而開始採取發展主義的干預性做法，以期超越殖民政府的新自由主義，在管理經濟事務中扮演一個更為積極的角色。為此，特區政府實行了下列四項重要政策：干預經濟運行過程（如聯繫匯率制度，公用事業、金融、房地產業、外籍勞工輸入政策），提倡高科技項目（如數碼港計劃），制定可發展的工業目標，以及主動與內地地方政府洽談跨境合作項目。

諷刺的是，在港英政府推動以新自由主義為經濟管理政策時，香港依舊保持著蓬勃的經濟增長，而當回歸後的特區政府從市場放任取向企圖邁向干預主義的市場經濟

時，香港卻面臨著發展和管治的危機。加之外部環境受到
全球一體化的衝擊，金融風暴、網路泡沫、非典疾疫等紛
至遝來，使得特區政府的管治能力受到削弱，發展政策受
到限制。其結果，特區政府的發展型模式受到廣泛質疑和
批評，一些評論甚至斷言，香港「自由放任經濟的聲譽已成
疑問」，「香港模式已死」。

事實上，如果管治國家的方法就只能是在政府干預與
放任市場之間任選其一，這種非黑即白的觀念未免矯枉過
正。回到Weiss的這本書，我們可以發現，她所提出的「管治
的互賴」的一大特色，就是說明強勢政府並不一定等於有
效管治，政府與市場的關係，也不必然對立或互為排斥。
從這層意義出發，香港的政治改革與經濟發展，就需突破
「市場vs.政府」的狹隘二分視野，正如Weiss所建議的，國
家／政府之能量既鬚根植於社會，也須有其自主性，免受
特殊利益集團的俘獲，從而在政府與市場之間建立起一套
良好而有序的「管治的互賴」。

香港社運為何沒能達到預期

　　香港最近多變形勢引發對於社會運動的思考，成功與失敗之處都值得追問。回顧社會運動領域長期以來關注的主題，一直是人們為甚麼會參加社會運動，以及運動是如何爆發的這些在動員機制層面的問題；但最新研究趨勢則是研究那些失敗的社會運動，是甚麼原因導致社運的失敗——同樣，當我們談論那些失敗的運動時，這個問題也可以用反向思維進行表述，即一場成功的社運需要甚麼元素。

　　首先值得分析是運動的參與主體。這些參與者的階層構成、身份地位直接決定了一場社運是激進暴力還是溫和非暴力，是傾向於走向成功還是導致失敗。一般而言，學生往往構成運動的主力，他們青春激情，具有極大的動員能力和爆發力，大學也因此往往成為運動的發源地。但一場成功的運動，除了學生的呼聲，更加需要那些具有政治戰略重要性地位的人群（political strategic population）參與，譬如執政黨的黨員，譬如執政黨所依靠的利益集團那些利益獲得者。

　　反觀最近民間抗爭運動轟轟烈烈的香港，目前正在進行一場爭取普選的社會運動，運動的召集人是大學教授，運動的參與者是青年學生；同時香港的經濟發展支柱，是金融和地產行業。長期起來，香港一個核心政治運行邏輯，

是依賴商界精英維護社會穩定、潤滑社會摩擦，從而在該市形成了一種獨特的政商聯盟的製度性局面。另一方面，香港高效的公務員體系，也構成了保障社會秩序合理運行的中堅力量。在香港這場社會運動中，雖然在民間激發起了極大的效應，但若以運動所指向的目標達成情況而言，則難言成功，其原因正在於參與人群單單依靠知識份子和青年學生，並未有牽涉到這些佔據重要政治戰略地位的階層，商界精英和公務員這兩大人群皆置身於運動之外，甚至站在運動的對立面，從而難以在政治層面構成衝擊。

其次，運動領導者的價值觀、運動口號與運動參與者，以及潛在參與者的價值觀並不相符，這種在目標層面的不符（value mismatch），也是導致一場運動最終難產的重要原因——特別是當運動領袖是在意識形態層面提出價值訴求（ideological goal），而運動的參與者曾更多希望可以達成工具層面的利益滿足（instrumental needs）時，這場運動注定難以獲得更廣泛階層的參與，並在運動內部產生衝突。

依舊以香港為例。香港民間抗爭的集會地點，是該市經濟發展的中樞中環，每天都有大量的商業活動進行。按照常理，在該區從事金融、貿易、諮詢等領域的人士是最容易接觸到運動的遊行、海報、宣傳手冊，也是最容易被運動所感染的一部份人群，但他們對運動是完全冷漠的，並不關心運動所提出的政治訴求，甚至會覺得社運本身極

大地影響到了他們正常的生活和工作秩序。這種差異和冷漠，會導致運動難以蔓延。

再次，一場失敗的運動，必定是和運動中鬆散的組織形式有著密切的關聯。如果組織具有高度的黏合性和內部團結 (solidarity)，則行動更易獲得成功；反之，鬆散的、僵硬的組織形式難以型構出具有凝聚力和衝擊力的行動，導致運動成為一盤散沙。

另外，運動的抗爭者們為了推動運動的進一步發展，常常會使用甚至發明出新的抗爭策略 (tactical innovation)，但是與此同時，運動的反對者也會相應地使用反制策略 (tactical counters) 以消弭和化解運動的影響，這種戰術適應 (tactical adaption) 通常並不以強硬姿態的模式出現，而是軟性的、有極強針對性的，可以在相當程度上破壞運動的社會影響。譬如在香港，在這場民間佔領運動波瀾詭譎之時，運動的反對者也相應地組織了一場大型的反佔領運動，並且通過媒體廣為宣傳。如果香港該場運動的領導者發動起全民公決的民間投票，冀望在民間層面喚起更多的支持和參與，相信運動的反對者也可以發起類似的全民投票，並且獲得在另一個論述層面上的民間支持；如果香港該場運動的參與者最終採取激進的形式，將運動推向激進化 (radicalization)，相信運動的反對者也會提升管制等級，甚至不排除引入強力部門的參與。

當然，一場運動的失敗並不代表著運動參與者的失敗，因為一個事件對每一位捲入其間的人們都有其獨特的意義。運動參與者在抗爭風雨中的淬煉，那些榮光和感動，是他們一生中極為寶貴的財富和經驗，會讓他們在下一場運動中避免走彎路，並賦予他們更多的力量，在未來的歲月中奮力投身到各種試圖改造社會的事業中，譬如社區動員、環保抗議等等。這種踐行運動的精神，不僅僅是啟蒙，也在代際意義上具有傳承性。套用社會運動研究權威威道格·麥阿當（Doug McAdam）在《自由夏天》（*Freedom Summer*）一書的結尾：

> Let it shine，let it shine，let it shine
> （閃耀吧，閃耀吧，閃耀吧！）

時間的證據

我們的時間，我們的地方

這是誰的城市？上世紀七十年代中，香港作家西西在其經典作品《我城》中曾提出了這樣的疑問。

今天，香港，如潮水般的青年人齊聚在政府總部前臨時搭建的「公民廣場」上，他們身著黑衫，一起交叉雙手劃出象徵反對的「X」字，用齊心劃一的行動表達出自己對於香港未來的擔憂。當愈來愈多的香港年青人加入到反對國民教育的人潮中，當呼喊撤回國民教育的訴求正愈發成為香港這一段時間最響亮聲音的時候，我不禁感到好奇，這一代香港年青人，他們投身社會運動的巨大力量和熱情從何而來——這裏，不是被人們稱作「浮城」，不是被貶喻為「借來的時間，借來的地方」嗎？為甚麼在他們身上，我卻分明感受到一種由內心迸發出的「這是我的城市，我要參與它的規劃和決策」的決心和行動力。我似乎又重新看到一個充滿了活潑、進取、衝勁、動感和開放的城市，就好像西西在《我城》中所描繪的七十年代的那個香港。

七十年代的香港，是一個充滿著朝氣的城市。在總督麥理浩的社會改革政策之下，港府先後創立了廉政公署整治官員貪污，設勞工署調解勞資糾紛，同時啟動長期建公屋和居者有其屋計劃，以及九年制免費基礎教育，從而打下了香港上世紀八十年代經濟高速增長的基礎。而七十年

代末內地的改革開放，也及時雨地解決了香港日漸百物騰貴的困局。社會經濟的急劇發展，相應地帶動出向上流動的機會。年青人毋須憂慮出路，只要肯努力，謙虛學習，就可以很快地在個人事業上取得大發展。在這一個充滿盼望的年代，《我城》裏的阿果努力地修理電話，麥快樂認真地看守公園，儘管這並不是一個童話世界，社會依舊有著各式各樣的問題，他們都覺得不需擔心，因為他們深信，只要同舟共濟，沒有問題是不可解決的。連電視台的新聞評述員都說：「對於這個世界，你是不必過份擔心的。你害怕石油的危機會把我們陷於能源的絕境嗎，你看看，我們不是安然度過了嗎。你為了水塘的乾涸而驚慌恐懼，認為我們即從此要生活如同沙漠了麼。你看，及時雨就來了。對於這個世界，你無需感到絕望。」

　　三十多年過去了，跟隨著《我城》這本小說一起在七十年代中期出生，以及之後出生的新一代香港人，卻在很多社會觀察家的筆下，被定義為困惑、失落、感到絕望的一代。由於經濟轉型及資源分配的困頓，今日香港的社會流動日趨僵化甚至停滯，機遇不再信手拈來，過往七十年代個人只要努力拼搏就可以成功的經驗煙消雲散，而香港亦正面臨著「邊緣化」、「下流化」的「中年危機」和政治迷思。《我城》裏的光采和朝氣不復見了，代之而起的是徨惑與不安，同舟共濟、包容互諒的香港精神也彷彿成為了書本上的橋段。

　　但，2006年的保衛天星碼頭卻是一個轉捩點。那年

底，香港政府正式啓動了中環第三期填海工程，曾陪伴香港人一個世紀之多的天星碼頭遭遇清拆。保衛碼頭的年青人手挽著手，用身體擋在推土機前面。他們通過集會、辯論、出版刊物等形式，呼籲港府重視對承載香港故事之公共空間的保育，以保存香港人共同的集體記憶。這之後，香港愈來愈多的年青人，他們逐漸凝聚成種社會運動的主力，從反高鐵到菜園村抗爭，從民間普選行政長官到今日的反國教，他們走上街頭，通過各種方式和媒介（包括漫畫、音樂、戲劇、文學、獨立媒體等）積極介入社會議題，並感染著新一波青年人的參與。

西西在《我城》裏曾問，「如果這個炮有一天又轟起來了，你怎樣呢？你會逃走嗎？你會守住這個城嗎？」今日的香港，地產集團壟斷並主宰了城市的經濟發展，貧富差距的拉大導致香港逐漸走向M型社會，而日趨明顯的大陸化趨勢也戲劇性地把香港「只是另一個大陸城市」的身份彰顯出來。在這樣的大環境之下，年輕一代的香港人，卻愈發樹立出對這個社會自主承擔的立場，重申這是「我們的時間、我們的地方」，是「我城」。這樣的轉變，無疑是根植於本土經驗的香港年輕一代對於香港價值的失衡、本土空間的萎縮、主體性被長期貶抑所作的反抗。

在2009年的最後一天，凌晨1點半，油麻地，我坐在周思中的家裏，和朱凱迪聊香港這幾年湧現出的公民抗爭與保育運動。周思中的家裏就好像一個小型的公共圖書室，地

上、沙發上、桌椅上都凌亂地堆放著各種書籍，很多都是關於香港本土論述的文論，以及各種理論經典。這批香港青年人的能量，很是讓我感到吃驚。在「我城」的情懷之下，他們會去讀原典，會通過不間斷的寫作來理性地闡述自己的想法，而不像某種作家採取不涉政治的避世姿態。周和朱同時也都是香港「本土行動」的核心成員：他們不僅僅只是書寫者，同時也更是有行動欲望、能力和政治視野的行動者，會親自踐行自己的信念，點滴地通過行動改善社會。對照內地同樣年紀的年青人，似乎很難找出與之相應的人物。在社會轉型的諸多問題面前，我們也會感到焦慮、迷惘、憤怒，但是我們的苦悶都是很內向的，都是從個體的角度出發，在個體上的宣泄。我們並沒有意識到，我們情緒上的困境，其實也是集體的困境，是社會結構上的問題。這也許是因為兩地政治制度和社會環境的不同所造成的差異，但不可否認的是，我輩們似乎缺乏了對「我城」的體認，或者在消極冷漠的接受既有的規制安排，或者在「我國」的光環之下高唱盛世，而難以形構成一個有力的共同體。城市既然讓生活更美好了，大家都在循規蹈矩、各行其是，微微的小小的嗨。

西西的《我城》雖然寫的是香港，但今天再看，其實並不囿於對某一個具體的「城」的懷念與希冀，她也藉著阿發的班主任老師之口道出了她的祈盼：「你們既然來了，看見了，知道了，而且你們年輕，你們可以依你們的理想來創造美麗的新世界。」

「在此城」的城市真意

暑假裏，我連續在南京、杭州和北京以「你的XX（城市名），誰的香港」為主題做了三場講座。講座的主題初看似乎是在談論香港，其實我更想從我所熟悉的香港出發，去探究在城市意識不斷覺醒的今天，何為城市生活的真意？我們「在此城」的經驗又在何處？

我一直有一種很深切的感覺，居於城市中的我們，似乎在很大程度上和我們所生活的城市是脫節的。這種脫節的意思不是指物理空間上的離開都市，也不是指情感上和城市的一種疏離，而是指在行動層面，我們身邊的很多人，都沒有進入到愛護城市的行動場域中，通過實際的、一點一滴的行動去切實改變我們日常的生活軌迹，進而在量上積累到改變城市運行的邏輯軌迹。換句話說，作為城市人，絕大多數的我們，僅僅只是擁有熱愛城市的一份熱情，或者是留戀家園的一份親情，甚至從功利主義的角度出發，是在利用城市攫取資源、地位、利益，而唯獨缺少了「這是我的城市，我要參與它的規劃和決策」的決心和行動力在。如果沒有行動，我們又從何談起我們「在此城」；如果沒有行動，無論我們在言語上多麼讚美城市，「此城」依舊只是「他城」，不是「我城」。

從「他城」到「我城」，這一字的改換，中間卻有著巨大

的鴻溝，但卻並非不可跨越。以香港為例。在很長一段時間裏，香港都被人們稱作「浮城」，是「借來的時間，借來的地方」。本土學者呂大樂曾將此形容為「淺薄的本土意識」：在前途未明的殖民地歲月裏，人們不願作多於五年的投資，這個移民社會不過是人們的暫居之地，大難臨頭各自飛。到了回歸之前的整個八十年代到九十年代，香港人對回歸更加感到恐懼和擔心，九七就是「大限」，香港就是一座《玻璃之城》（雖然張婉婷導演的這部電影的中心是講述黎明和舒淇的愛情故事）：玻璃從外觀上看是繁榮和璀璨的世界，但是當颶風襲來的時候，卻很容易破碎，那些繁榮在一瞬間就會煙消雲散，再也無法復原。這反應出當時香港人普遍的焦慮、迷茫、不知前途的心態。在這樣的心態之下，香港人紛紛選擇移民，香港只是一座「他城」。

但是2006年底的一場社會運動，卻徹底改變了這座城市。那一個月，港府為了建設中環新海濱，決定拆掉有一百多年歷史、承載了無數人集體記憶的天星碼頭。保衛碼頭的年青人於是手挽著手，用身體擋在推土機前面，他們雖然不停地被警察阻撓、不停地被抬走，不停地被驅趕，卻一直堅守在碼頭前，為香港的庶民歷史和公共空間而吶喊、流淚、流汗。他們的行動深刻喚醒了香港普通民眾對本土文化的珍視，對回歸城市空間的訴求。這之後，愈來愈多香港的年青人深入到城市的角落裏，努力挖掘城市所賦予的身份意識、本土情懷，以對抗地產主義和中環價值。從天星碼

頭起，這之後的皇后碼頭保衛運動、反高鐵運動、反國教運動、佔領中環運動，我們看見香港人主動要求參與決策社會事物的決心，並樹立出自主和承擔的立場。這些在行動力度上點點滴滴的積累，不僅展示出香港民間社會強大的抗爭力量，也照射出現時一代香港人對本土社會發展的一種希冀：這是「我們的時間、我們的地方」，是「我城」。

當香港人開始對本土元素愈來愈珍視和重視，香港年輕的一代，無論是身處何領域，更願意投入到社會議題當中，並透過自己的專業領域去推動社會改變的時候，反觀我們內地，同樣年紀的一代青年人，卻顯得過於溫文爾雅，過於小心謹慎，紛紛退縮在房子、票子、車子的現實洪流之中，只渴求城市中一份穩定的、體制化的生活。這個社會上有很多議題，但人們都已經習慣按部就班地去做一些事情，而不去關注社會上到底發生了甚麼事情。這些議題跟我有直接的關係嗎？如果沒有直接的關係，為甚麼我需要（主動或者被動地）參與其間，投入力量？喪鐘響起，又非為我而鳴。

他們只有當自身的利益受到侵害，比如炎熱的寢室裏不安裝空調時，才會選擇以對抗的姿態出現在大眾的視野裏，而所謂的對抗，充其量也只是通過從高樓摔熱水瓶以作為向校方宣泄不滿的途徑。但是當牽涉到更加宏大的社會議題時，內地這一代年青人是集體缺位和失聲的，對於想改變社會的決心和力度，都被狹隘的經濟至上主義和犬

儒主義所掩蓋。他們在行動領域缺乏擔當，缺乏對於社會以及自身的反思。換句話說，他們專注於自身的利益得失，更加功利，對政治冷感，對行動漠視。

我無意在此去深入剖析為甚麼在今天，內地年青人愈發喪失改變社會的意願，成為行動的矮子？那將會是另一篇很長的論述，對於政治體制的反思，對於內地教育制度的批評會躍然於紙上。我們的政治框架接納不了新青年們抗爭的行動空間，我們的社會容不下過於野心龐大的教育目標，我們的城市擴張強調高速和排斥一切，以至於人人都被捲入到「發展」的大口號之中。整個社會所追逐的，是現實主義的行為邏輯。理想和改變呢？那只是格格不入的遙遠的辭彙，只能從緬懷上世紀八十年代的記憶深處去找回點滴的殘影。

我很憂心，內地這一代人在歷史的進程中會不會失位元。當他們喊出「我要爭空調」的時候，要知道，香港同時代的年青人們正站立在街頭，迸發出「我要真普選」的「我城」最強音。

香港文化的堅韌與自覺

香港回歸二十年，曾經有媒體的記者問我，香港雖然擁有獨有的一套文化體系，但回歸後面臨大量內地文化的湧入，是否對本土文化造成了一定的衝擊和影響，導致香港的文化被內地的文化所覆滅。

我一直覺得這個問題是問得不對的，要更清楚地認識一個地區的文化，比較當然不可避免，尤其是當文化並行衝擊的時候。但兩種文化並不是一種文化去取代另外一種文化，也不是一種文化去替代另外一種文化，導致另外一種文化被侵入之後覆滅。在我看來，香港與內地的文化，是一種互補交流的關係。

這種交融互補，又可以有兩種不同的取向，一種是相互影響，你方唱罷我登場，另一種就是強勢文化輻射弱勢文化，在弱勢文化所在地區構建出一個主流文化體系的同時，又扶持弱勢文化的發展，讓其不失本身應有的光芒。相比較而言，香港，這一塊長久以來都被視為文化缺位元的地區，應該更適合介乎於兩種情況之間：在強勢文化向心力的吸引下，年輕一代香港人的潮流風向標相應得到改變；與此同時，本地文化人則在努力向內延伸挖掘出新的含義，藉以滿足本土文化的需要。

在某種程度上，香港本土文化生態在內地文化的影響

下，確實是式微了。如果內地傳到香港的東西財大氣粗，那就非常不適合香港。但另一方面，內地一些非常好的文藝構思和設計，對於生活視角的採集，都比香港更加前衛和具有針對性，甚至更加帶有冒險精神。比如內地的一些藝文類雜誌，他們的視角、選題、內容、版面設計都非常好，而且常常可以對某一特點主題給予幾個版面去做深度的剖析，不是那種豆腐塊文章的泛泛而談，這在香港是難以想像的。我就經常在香港二樓書店的顯眼位置看到這些雜誌（也包括獨立出版物）在售賣，而且銷量都相當地不錯。

反觀香港，這裏的時尚一成不變，這裏的時尚雜誌則是世界上最沒有意義的東西之一，因為它根本不是為讀者運作的，而是為廣告商以及背後的地產主義大老闆運作的，所以它的內容一點也不好看，難以做到去改變人們對它的領會。這種差別投射出的不僅僅是雜誌內容的差別，也投射出一種價值觀的差異——是考慮事件本身的社會意義和價值，還是考慮事件所帶來的煽動性效果和經濟回報。從這個層面上來看，香港真正要擔心的，是在一個只追求短期最大回報率的社會中，在一個充滿流動性的行業中，那些有批判力的俗和有生命力的作品以及一些古古怪怪的東西要怎樣生存下去。內地文化對香港的反哺其實不是最重要的問題，因為最大的攻擊者或者說最大的問題恰恰來自於香港的內部。

另一個例子則是香港本土的電影發展。不只是八九十

年代，在更早的時候，香港的電影工業以至流行文化都是東南亞地區的龍頭，是香港文化的重要載體。香港文化在八十年代開始才影響內地，跟香港發展沒有關係，反而是內地改革開放，對外來事物極之渴求，香港文化才能嘗到甜頭。但今天香港電影工業大不如前，這早已經成為人所共知的事，香港最好的電影工作者幾乎都投入了大中華這個合拍片市場。合拍片的最大問題是，它複製了很多香港過去賴以成功的文化生產模式，卻放棄了香港文化中最細膩的部份，而使之迎合大中華上億計的市場。過去輻射內地的文化力量亦已不存在了。

然而，這裏畢竟是譜寫出《獅子山下》的香港，「人生不免崎嶇，難以絕無掛慮。既是同舟在獅子山下且共濟，……理想一起去追，同舟人誓相隨，無畏更無懼。」拋棄了夜郎自大式成功標準的香港人，也在重新認識自我，從迷惘中找尋出路。從這種層面上看，這個二十年中，香港人的文化心態、特別是「愛」，在接受文化新環境、挖掘文化新含義上尤為重要。

這種愛的第一點就是對本土文化的熱愛。香港是東西方交匯的點，既有東方的文化，又有西方的文化，兩者結合在一起。我覺得文化層面上的香港有一種非常混雜的特色，不僅是東方和西方的混雜，還混雜了其他方面，比如印度的、印尼的、馬來西亞的，甚至日本文化。混雜的結果就是它既非中國也非英國，有著「既中既英，不中不英」的特

色。有一次，我去香港的茶餐廳吃飯，有一種湯叫金必多湯，金必多湯（comprador）是英文的一種音譯，即買辦的意思。在早期的中西貿易中，買辦是一種新興的角色，是兩種文化交流的一種介入，在香港的演繹下面，這種湯是西餐的一個底湯，在裏面加入了魚翅，甚至加入了所謂的鮑魚——實際上裏面是沒有鮑魚的。這種湯就展示了香港中西文化交融的這種特性，香港人就是把這種東西變成了一種中式的有自己特色的菜式。

第二點是香港人對集體記憶的珍視。大約從2006年10月開始，「集體記憶」這個辭彙突然成為整個香港比較熱門的流行語，人人都在講，這是一種在本土文化的基礎上匯聚生發出的情感。為甚麼會有這樣的集體記憶，為甚麼香港人會生發出這樣的集體記憶，有這樣的本土文化認同？

最早是2006年10月17日，在香港最早的遷移區石硤尾邨。1954年，很多三四十年代來港的大陸移民被安置在這裏，他們一住就住到2006年的10月中旬。基本上每戶人家都是一百尺到一百一十尺，在香港十尺是一平方米，所以他們的居住空間是非常小的。但是在這狹小的空間裏面香港人卻生發出了一種共同的回憶，因為鄰里之間沒有現代社會的這種陌生感，他們都像大家庭一樣和睦相處。2006年10月，石硤尾邨結束了它的歷史使命，這是第一件事，這時香港人的集體記憶還沒有完全表達出來。

到了2006年11月，因為政府在中環海濱一帶有新的規劃，香港的天星碼頭要全部拆掉。在香港沒有地鐵的時代，天星碼頭是港島和九龍兩地穿梭的必經之路。2006年11月底，當香港政府決定拆除天星碼頭時，香港人覺得自己的記憶要沒了，因為這裏面有很多自己的故事，曾坐著天星小輪去上班，坐著天星小輪去約會，如果它沒了，將是多麼遺憾的一件事。於是香港人自發的聚集在一起，貼出要保衛天星碼頭的標語。他們組織拉丁舞的表演、詩歌朗誦，或播放自己拍攝的紀錄片，在集體記憶的基礎上，去回溯香港人的一段歷史。

第三點是一種對於社會公共事物的公民參與，這是一種很弔詭的熱愛。我在香港工作的時候，一個很深的體會就是，香港人實際上都是很冷漠的，他們非常冷淡，只對自己的事情感興趣，只想著如何打工賺錢，為了養家餬口是很拼命的。他們不會有很大的力度去參與社會公共事物。但是自從這樣的集體記憶和本土文化生發出來以後，香港人意識到我要參與到這個社會中去，因為它畢竟是我的社會。

舉一個例子，在「西九龍文娛藝術區」的規劃上面，香港政府非常有雄心地想把這個地方建設成有著世界一流的電影院、博物館，要聚集世界最一流的設計師，打造世界一流的文化活動場地。但是香港人覺得我們不需要這麼多的世界第一流，我們需要的是有香港特色的東西，例如本

土的藝術家。所以，他們為了抵制這樣偏重商業色彩的政府政策，就組織了一種叫做公共資訊的平台，大家一起參與進去，不同的人都可以提出不同的意見。同時由於皇后碼頭、天星碼頭的被清拆，在其他地區的舊街區舊街道，比如東區警署，比如大角咀的舊街、深水埗這些市民生活區，都要予以保留。他們組織在一起，到這些地方張貼標語，説我們要保留這些地方，告訴香港政府市民的想法。

第四點是文化骨子裏香港人有一種非常堅韌的精神。這種精神最集中最精彩的體現是在一部動畫片《麥兜故事》裏。我們都知道麥兜，它小時候從春田花花幼稚園畢業，成長於深水埗或石硤尾這些貧困的社區。我會經常有一點錯覺，看到狹窄的街道兩旁幼稚園的標牌，我會覺得那些就是春田花花幼稚園的前身。春田花花是一種比較有市井氣息的，在破舊的樓閣的最頂端，樓下説不定就是菜市場。麥兜就是在這樣的市井生活裏長大，畢業之後想當上班族，去找工作卻找不到。因為2003年的時候正趕上香港經濟危機臨近收尾時的一段經濟低迷。麥兜從這樣的幼稚園上小學，上中學再到大學，大學畢業後求職就遇到這樣的情況。我覺得如果大家遇到這樣的情況都會很沮喪，但是麥兜沒有，他沒有放棄。他要去長洲，去搶包山。搶包山是香港的一個傳統。大家一起登上一座掛滿包子的包山塔去搶包子，搶得愈多表示自己來年的運氣就會愈好。當時正好奧運會，風帆運動員李麗珊獲得了香港歷史上第一塊

奧運金牌，麥兜過海的時候站在船頭，覺得自己是李麗珊的化身，於是站在船頭高呼：「香港運動員都不是臘鴨（垃圾）」，相信自己可以從困難的逆境下來重新走出來。

回想我們舉例的香港電影發展形勢，雖然往日繁盛不再，但香港文化中這股堅韌的精神氣還在。今天香港文化中的對抗意識很強，若照現時的環境來看，香港在政治和經濟領域被內地支配將會愈來愈明顯，但文化上卻沒那麼容易。近年愈來愈多本土性很鮮明的電影出現，像《歲月神偷》、《桃姐》、《低俗喜劇》等等，這些電影不似八九十年代的主流香港電影那般商業化，也不像王家衛和關錦鵬這類導演力求將香港本土性高度藝術化。今天香港電影中的本土性是赤裸的、直接的，它甚至有著巨大的宣示性。這來自於香港的本土文化工作者對香港文化的一種巨大的天然的憂患意識，正是因為有著這樣的自覺性、堅韌性存在，我相信香港文化最終是不會式微的，總能在新時代中找到出路。

香港的都市漫遊者

　　潘國靈是一名典型的都市文化漫遊者。為了分享自己都市漫遊的心得，為香港注入一點文化研究的內涵，潘國靈在《城市學：香港文化筆記》一書中將多年來研究和觀察香港的經歷匯成三大部份，有層次的一步步帶領讀者從地下走到地面，從迷失走向清醒，從流行文化、殖民文化走到民族文化、國家文化，在文字的遊走中，將一個個虛擬的香港文化座標還原呈現，幫助讀者多角度、多元素地認識香港。

　　為甚麼要選擇閱讀香港這座城市？按照潘國靈的自述，是因為「生於斯，長於斯，我會說自己是香港人，雖然我知道這同時包含許多意識形態的建構。而活在這個城市，也必然感染了這個城市的氣質，但另一方面，我骨子裏一直對某些所謂香港人特性厭惡抗拒，諸如實際、功利、反智、浮誇、金錢掛帥等。」

　　「都市浪遊篇」，潘國靈從漫遊之父班雅明說起，構築了一個有關閱讀城市的理論起點，漫談城市的空間及景觀。十九世紀的猶太裔德國思想家瓦爾特・班雅明（Walter Benjamin），總愛在閒散、晃蕩、慵懶中，行走於巴黎的舊街道，帶著人文的目光去透達巴黎的底蘊。他的拱廊研究計劃（The Arcades Project），更是藉此去探討城市經驗、

城市空間與資本主義現代性的走向。2004、2005兩年，香港悄然出現一股「班雅明復興」，文化界、知識界都興趣昂然地加入到班雅明的都市浪遊人 (flâneur) 角色中，將「行走」作為體驗都市空間、閱讀城市文本最基本的方式。剛剛從哈佛歸來的大學者李歐梵身先立足，抗著「李歐梵，一條街」的大旗，率領一眾文化人從金鐘太古廣場行到銅鑼灣時代廣場，實踐行街哲學。《明報》也不甘示弱，每逢周日獨闢一個整版，用專題形式討論行街文化。遺憾的是，工具理性掛帥的香港，總是於不期然間將人文的本意扭曲變形。言必談班雅明，在成為學術圈的風潮習氣之後，又連帶著媒體渲染加料，成為大眾粉飾文化色彩的時尚。漫遊，就此與遊蕩 (loitering) 相互混淆，失去其內裏的特質。

而潘國靈這個漫遊人雖然涉獵其間，卻是個例外，他並不是簡單地跟隨流行熱點「行街散步」，而是真正從班雅明的思想理念出發，將城市街角據為己有，用自己的雙腳記錄城市空間故事。在作者眼裏，城市的街道永遠是他取之不盡、用之不竭的素材倉庫。在這一章節裏，潘國靈剖析了香港做為熒幕之城的物質性，當各式超大熒幕內化為城市佈景的基本設施，「影像建築」大行其道時，室內與室外的傳統界定開始被重新定義，其結果，就是建築物愈發充斥公式化、商業化的電子影像立面，淪為商業的奴隸，「當影像建築已成為不可逆轉的事實，城市又會否出現新的建

築審美觀？」潘國靈解構了尖東如蛛網交錯般龐大的行人地下隧道。伴隨香港的快速發展，地下空間已經被城市建築者打造成一個具有後現代性的封閉消費社會，鐵路、大型商場、行人通道混雜於此，使得傳統意義上市民生活事件發生場景的街道轉移到了地下，街道的市井與活力就此消失，而原有的「行人」角色也被規範化為兩種新身份：或者是運輸意義上的交通物，或者是消費意義上的購物人。地下行人隧道將行人隔絕於天空與汽車之外，並密封於天花板和冷氣之內，如此，「香港，是一個適合浪遊人的地方嗎？香港的街還有得『行』嗎？」

　　「文化權力篇」，作者暢談性與隱喻、民族主義等包圍香港生活的微觀政治。這其中最有趣的文章，莫過去一系列對西方世界賦予香港妓女形象的意象解剖。潘國靈認為，作為英國前殖民地的香港，長久以來便脫離不開「性」化的隱喻，這種「性」化，不僅僅是「陰性化」，而且是妓女化。香港的妓女形象，最早肇生於西方對香港的殖民書寫。1959年英國小說家李察·梅遜（Richard Mason）的小說《蘇絲黃的世界》（*The World of Suzie Wong*），勾勒出香港一名墮落風塵的灣仔吧女和來港白人男子之間東西方交匯的愛情。蘇絲黃的長長身影，就此成為半個多世紀以來描畫香港殖民地風味的符號代表。而當九七回歸之後，蘇絲黃的文本想像又伴隨香港探索身份的文化熱潮重新被西方詮釋，新的隱喻隱藏了更多的意義：東西方權力

關係，香港末世心態、精神墮落、後九七香港與內地的融合與隔膜等。借用美國評論家蘇珊‧桑塔格的話說，「我的論題不是妓女本身，而是妓女被用為香港隱喻」。蘇絲黃的世界，在歷久不散中被濃縮成香港意識形態的變遷寫照，名副其實地成為香港縮影。難怪潘國靈不無感慨，在今日的灣仔酒吧，已經找不到說洋徑幫英語的蘇絲黃們，「隨著香港的去殖化或再殖化，這種西方想像的妓女形象，將成為歷史一章。」

「流行主義篇」，潘國靈解析了年青人文化、消費主義等香港流行符號。從成人兒童化現象反思香港的身份價值取向，從香港青春電影的發展歷程窺探社會階層意識在時間和空間上的轉換，從流行歌曲愛用電影名稱做歌名闡釋文化產品符號消費的後現代意義。凡此種種類似的流行議題，作者都饒有興趣的將其看作城市學研究中不可或缺的一部份，親臨其中，深入解讀。

看完潘國靈的這本書，香港這座城市過去是甚麼模樣，現在又是甚麼模樣，以及為甚麼會變成現在的模樣，都在閱讀者心中留下一副清晰的圖景。然而遺憾的是，作者並沒有提供任何線索，指引我們該如何去構建香港未來的模樣。也許，作者將會踏著碎碎腳步，在城市的漫遊中繼續找尋，並告訴我們答案。

本土文化人的香港情

在香港，最愛看的是各個報紙的副刊，《明報》、《信報》、《蘋果日報》，都看，還有台灣的《中國時報》，一補內地資訊匱乏的缺憾。在閱讀的過程中，也慢慢開始從文字中接觸香港的專欄作家，那些大大小小被我們稱做「豆腐塊」的文字，無論是飲食男女還是時事財經，都可以從中一窺香港獨特的副刊文化，市井而不失深刻、有趣卻也小夾子氣。

然而，《明報》的世紀版卻是個例外。每天一個整版，一篇洋洋灑灑幾千字的大塊文章，在香港所有報章的副刊中顯得特立獨行，格格不入。電影、文學、社會、政論、爭鳴，本土、內地、台灣、國際都談，很是拓展人的視野。也因此，從《世紀》這裏，開始知道他的主持人馬家輝，以及他的筆鋒和思想，還有他的這本《在廢墟裏看見羅馬》。

馬家輝，「飲香港水，流香港血」的香港人，早年因為迷戀李敖的癲狂不羈，而跑到台灣大學攻讀心理學。後來又負笈美國，修讀社會學博士。1997年初，受《中國時報》副刊《人間》創辦者高信疆的邀請，返回香港出任《明報》副主編，並主持副刊，從此開始正式介入媒體，以學者和傳媒人的雙重身份，身體力行地表達自己對香港的關懷。

所謂「廢墟裏看見羅馬」，乃是因為害怕「羅馬變為廢

墟」，擔心香港由盛轉衰的憂慮，而有遠景的人，能夠從一堆亂石中，看到如何重建、規劃的新氣象。香港的前途發展，已經隨著當年的經濟強勁復蘇而愈發展現出光明的未來，因此從書名中，可以感應到作者的曠達樂觀，以及他對香港鍥而不捨的信念與企盼。用作者自己的話說，「廢墟、羅馬、挫敗、期盼，諸篇文章說的依然都是我的不安和憧憬、焦慮和夢想，對於我出生和成長和生活的這個城市，對於我自己以及我所曾遭遇的一些人事物。用筆把他們和它們寫下來、印出來，代表了我和這個城市之間的一場對話。」

全書共分十輯，前兩輯是作者充滿人情味的感性文章，其中包括了關於李敖的研究文字，亦有講及作者如何應對女兒愛讀哈利波特等英文小說，而缺乏閱讀中文書的興致等趣事。此外，一向熱衷於香港文化研究及報章副刊專欄界別的作者，在此書中也理所當然地收錄了一些關乎副刊專欄文化的評論。後八輯則是政事時評，是作者過去兩年在《明報》「筆陣」欄目中的結集，從董建華時代的香港一直談到曾蔭權治下的人事更替和民情起伏，對政府政策、政制改革、文化傳媒等都有分析性的探討，也有毫不留情面的批評。

按照作者自己所言，全書中「最鍾愛的是書內的第一、第二及第八輯文字。它們談及一些我所真正景仰的人和我所認真關注的事。」

第一輯名曰「忽然想起那些臉容」，靈感借自作者最喜歡的香港女作家黃碧雲一本舊作《突然我記起你的臉》。在這裏，作者寫了巴金和劉雁賓的離逝，寫了李敖的演講和詩詞，寫了董橋六十歲的人生體悟。作者對這些人物的心靈刻劃，總能入木三分，這大概離不開文人之間惺惺相惜吸的傾慕。意趣相投，方能寫出知人的文字。作者自己就曾說過，可以有幸被李敖列入平生所交好朋友名單之內，「這便是我自認的一生最大的成就」。

第二輯名曰「紙上風雲乍起」，作者對香港的媒體文化進行了一系列的專業反思。長期浸淫《明報》副刊的編撰，提倡格局、視野要廣大的作者，一直堅信副刊文化、專欄文化是社會文化的反映。香港的讀書風氣不盛，知識社群基礎薄弱，報紙雜誌等媒體是香港人主要的資訊來源，「如果這些媒體的內容做得不好，推廣不好，那對我們社會的殺傷力是很大的」。同時，作者也主張學者辦報。只有知識份子的參與和投入，才可以維持副刊的高素質，讓公共討論的深度與廣度皆有拓展。

第八輯名曰「時日曷喪，與汝偕亡」，收錄了三篇有關趙紫陽的悼念文章。從這些文字中，可以窺探出作者的一些思想變遷軌跡。這裏暫且不深表。

有趣的是，這本書原本並沒有第一二輯。書稿付梓出版之前，林行止在為此書的提序中直言，「相對於其他體

裁，寫政治評論較為吃力，不易討好，結集的話，盡屬黃花的昨日事，除了過時，有時還覺小題大做，即使出版商不嫌蝕本，決心印行，作者又哪來將之付梓的勇氣？」正是這句善意提醒，讓作者感同身受，於是連夜付諸行動，添加進多篇涉及人情世故的感性文字，並將文章重新排序，心情行前，時評押後，表明自己對政治、時評這類寫作體裁的興致遠低於人情小品及創作的個人文風取向。作者在序言裏亦自述道，「已立志，從此少寫政論、多寫創作，努力提高自己的筆下『品味』。所以，這是我的第一本時評文集，亦很可能是最後一本。」

然而實事求是的說，馬家輝的政治時評文字，雖然迥異於他的才子抒情文，但行文老辣，視角獨特，讀來令人暢快非常。例如在第五輯《普選遊行的政治抉擇》一文中，作者在分析香港2006年12月4日舉行的普選遊行這一事件時，直接尖銳地批評了遊行意義的本末倒置，痛陳香港人視上街遊行為湊人數的醜陋：當上至學者，下至媒體都在汲汲猜度「最接近現實」或「最近乎理想」的遊行人數時，爭取民主和普選的訴求反倒退化成了一場競選遊戲，一個關乎效益高低的經濟問題，「工具取向、實用掛帥的香港精神，至此盡顯無疑。」

遺憾的是，如若這本書真的成為作者最後一本時評文集，則頗為可惜。就算是林行止本人，相信也是政經文章居多，感性文字偏少。寫政治評論雖然吃力不討好，但現時

香港所匱乏的，正是有識見有份量的專業評論。如果人人都揀容易討好的感性小品寫，整個社會的大風氣就會留戀於傷風感月之中，而國是莫談。這樣不但會感情氾濫，理性式微，而且香港的知識界會更加抽離對香港本土的關心，人文精神也會就此逐漸泯滅。

沙灣徑25號

「一九九五年以前，百分二十給歐洲，八十給中國台灣；一九九五年以後，百分二十給歐洲，百分四十給中國台灣，四十給中國大陸」。作家龍應台，曾對自己的寫作時間有過這樣的簡評。現如今，她將更多時間留給了香港，留給了一處叫沙灣徑的地方，25號是這裏的門牌號碼。

龍應台出生於台灣高雄，赴美深造後回台灣中央大學任教，八八年遷居德國，一住就逾十年，九九年難卻台北市市長馬英九的盛情之邀，告別家人回台北任文化局長，在任三年為台北市的文化發展方向立起骨架，也釋除了「一個在創作領域浪漫不羈的文人在政壇是不是也可以堅忍不拔」的疑問。三年屆滿，卸下當官的單子，遠離依舊經濟掛帥的台北來到香港，在香港大學「新聞及傳媒研究中心」做訪問教授，住在港大為她安排的沙灣徑25號的寓所，開始潛心思考人文關懷對城市意義之所在。巧的是，這些思索和探尋正好逢上了《蘋果日報》社長董橋的邀請，開始每星期為報紙寫一份《沙灣徑25號》的專欄，講堂裏的傳授、思考中的獨白、行走中的啟示、生活中的頓悟，都寫。

沙灣徑的光影

沙灣徑在港大本部的縱深處，是一條盤在半山上的路，附近皆是高級教職員宿舍及一個草地運動場。由沙灣

徑向上走，25號的宿舍正在山腰上，可以眺望到遠方的大海。這一處安謐靜溢的向海居所，給了龍應台思索香港的廣大空間，「每天面對海，特別有寫作的情緒」。沙灣徑25號也由此成為龍應台所有靈感的源泉，成為與香港讀者日日交往的紐帶，被內化為龍氏香港的象徵符號。

這份重視，回溯到港大的歷史中，是對美學、文學、史學、哲學等人文素養的包容和孕育，是開啓孫中山革命思想及新思想的大堂，是最使日日散步的朱光潛留戀的山間小徑，是讓提著皮箱的張愛玲躲避戰亂的宿舍。這些人文遺產，連同「買得到野姜花的石水渠街、印過喜帖和革命文宣的利東印刷街」，經過時間的沉澱，散發出香港獨有的個性和溫暖，是香港最動人最美麗的城市面貌，多虧有心龍應台的細細尋找，才可以在書中一一再現。

可是走出有草葉、有海浪、有光影、有故事的沙灣徑，面對著奉行經濟效益、追求社會指標、主導開發意識的香港現實，學院式的人文關懷就顯得微乎其微的蒼白，「看不到灣仔擁擠的市場，看不到上環層層叠叠的老街窄巷，看不到大埔的漁村也看不到沙灣徑淒美的夕照，為甚麼我獨獨看不到香港」。於是很自然的，龍應台開始大聲地對香港提問：香港，你往哪裏去？

現代性下的城市變奏

　　根據一般人的理解，香港的核心價值莫過於香港人的勤奮和努力，讓香港從昔日的一座小漁村發展成為今日的國際化大都市。在強勢政府的「勵精圖治」之下，「亞洲的國際都會」被塑造成令人眩目的主打標語，城市現代性發展的需求使得香港的面貌日新月異：西九龍建設要聯合世界八大國際美術館共同進駐，中環新海濱要發展成為象徵香港的世界級海濱。當人們走在今日的香港街頭時，或許會赫然發現眼前的面貌已不復昨日所見，一切都是嶄新的城市地標，一分鐘前的都市空間都會成為歷史。

　　法國十九世紀著名詩人波特萊爾 (Charles Baudelaire) 曾將現代性定義為「稍縱即逝 (ephemeral)、難以捉摸 (fugitive)、偶然發生 (contingent)，是永恒不變的藝術的另一面。」這經典的名句一語道破了城市以驚人的速度在不停地改變。現代化帶動了科技的發展，而科技的發達則促使城市的步伐日趨迅速。建構和毀滅同時存在於這個空間，香港文化人也斯就說過，「我們總是發覺，這兒有點甚麼拆去了，那兒又有甚麼建起來。」

　　在現代性的大旗下，香港的歷史記憶被抹去了；在嶄新的城市建築崛起之時，傳統的城市文化亦被淹沒了。而與此同時，當個人意願被強烈的城市意願所取代的時候，香港人也因此拒絕用心去思考，轉而學會用腦去應對所有的變奏。香港迅速掠過的空間變化、國際都會下的人情冷

漠，長久盤踞在香港人的意識中，過度地刺激著他們的神經——為了保護自己，唯有採取漠不關心的態度，理智地以「量」來衡量事物，遵從城市的節奏、毀滅和扭曲，演繹出了一幅波特萊爾式的憂鬱（melancholy）。

尋找香港價值

一座活力充沛的城市，按照《全球城市史》（*The City: A Global History*）一書的作者喬爾·柯特金（Joel Kotkin）的歷史分析，須具備三個特性——安全、繁榮、神韻。所謂神韻，科特金認為應該泛指「神聖」傳統，亦即在中古時期城市所擁有的宗教信仰，而在現代世俗社會，則可引伸為一個城市的共識價值及精神面貌。每一座獨特的城市，都有獨特的信念，或源於傳統，或源於宗教，亦可源於本土生活價值和人文精神，除了用以取得市民認同，亦激發持續不斷的文化創造，在文學、藝術、文化各個領域，推陳出新，發展出多姿多彩的生活方式。

如是，香港的精神是甚麼？香港的價值又是甚麼？

就此，龍應台一針見血地指出，香港目前的主流價值是「中環價值」，是一套追尋經濟開發和利益的價值：在資本主義的運作邏輯裏追求個人財富、講究商業競爭，以「經濟」、「致富」、「效率」、「發展」、「全球化」、「世界級」作為社會進步的指標，香港前進的動力。正如香港中文大學教授王紹光所言：內地只看到香港的高樓大廈，內

地的媒體只報導香港的成功人士，其他許多記憶，卻零落得讓人心痛。沒有人記得漂洋過海投奔香港的許地山、戴望舒、蕭紅、張愛玲，也沒有人在意深水涉、元朗居民的聲音，本地藝術家與創意工業的努力。當整個香港都被這種單一的商業邏輯所壟斷，香港的文化價值就會缺位和喪失；當「唯利是圖」的功利政策取代「文化優先」，人們就會失去思考深層問題的能力，社會繼而退化為弱勢的社會。

龍應台認為，香港這個地方不是任由發展商用以圖利開發的「土地資源」（ land resource ），也不應只是通過經濟效用、地積比率來賦予意義的大富翁式的搖錢地帶。反之，借用人文主義地理學（ humanistic geography ）理解世界的方式，香港是香港人情感依附和關連的所在，是歷史記憶與本土情懷交織在一起的文化歸屬。

更進一步的，真正的香港精神，應該是「一萬多個市民在晴空下圍坐吃盆菜，5000個人開心泡茶、聽音樂，4000個人在星空下肩靠著肩看露天電影，一起哭，一起笑」。一個有生活內涵、有人的性格的城市，才可以具有冰冷建築背後的文化主體性，才是世界級的香港價值。由此，龍應台提出三個建議：香港人應該跨越經濟，重新審視城市規劃與人文保蓄的關係；跨越文化，尋找埋在文化表層底下的根脈；跨越言語，釐清工具言語和靈魂言語的不同層次，學習普通話和英文的同時，也不忽視或放棄粵語。

　　在沙灣徑25號，龍應台敏銳地關注到香港人的許多關注，卻沒有忽略香港人的許多忽略。套用香港傳媒人馬家輝的評論作結：「龍應台向香港人示範了外來學者可以、應該、如何以『知識批判』介入本土社會」。而這，也正是柯特金所指的城市「神韻」中，蔚為珍貴的一部份。

中通外植詹德隆

　　詹德隆的《中通外直》系列，自2002年出版首冊《文化篇》以來，一路以「文」字打頭，先後通過文化、文明、文禮、文儀、文思5本書系統地反思中西文化差異。這本《文想篇》（牛津大學出版社），是整個系列的完結篇。

　　相由心生，心相是為「想」，讀文學出身的詹德隆自始至終都和文字與思想有著解不開的淵源，是以為書的篇名「文想」。而書名《中通外直》，典出自周敦頤的《愛蓮說》：「蓮之出淤泥而不染，濯清漣而不妖。中通外直，不蔓不枝，香遠益清，亭亭靜植，可遠觀而不可褻玩焉」。實際上，全書的英文名卻是 From Culture to Civilization，原來作者的「中通外直」，是「中通外植」之意，也就是用批判的眼光審視中西文化，能夠把兩者的長處共融，互為補短，達到「中學為體，西學為用」的目的。用作者自己的話說，「因為本人是先有中國文化為基礎，然後再受外國文化薰陶，有中通外植之意。我們中國人做事，重暗中打通人脈關係，和外國人直言直語明刀明槍也是文化上的主要分別，既然語可帶雙關，自然也無不可」。

　　詹德隆的名字一直與西方文化掛上鈎，1968年港大英國文學系畢業後，作者旋即負笈英倫，入讀曼徹斯特大學研究院修讀政治，1972年加入英國廣播電台，1976年回港，先後主持過多個中英文電台及電視節目。在香港，老一輩

香港人迄今對詹德隆這位「白頭佬」和蕭芳芳一起主持的「聽歌學英文」節目記憶猶新，因為這檔節目在七八十年代的香港普通市民階層中曾開創了一股學英文的風潮。

由以前教人聽歌學英文，直至現今在報章上寫文章，詹德隆不僅自己浸染中西文化，身兼中、西文化並融的色彩，並且推己及人，將自己這些年來於文化上的思索與見地一一寫下，結集成書，希冀年輕一代的香港人依然可以秉承香港獨有的中西交匯之文化氣質，在變遷的社會大環境中維繫香港的核心價值，保續香港的國際競爭力。作者在這本書的序言裏就清晰的指出，「我們有責任把我們的心思寫出來，留傳給下一代，好讓他們不用走那麼多冤枉路，不需要凡事reinvent the wheel（從頭來過）」。

作者從進入大學算起，至今年已整整四十年。在這四十年裏，香港及整個中國都發生了巨大的變化。進步的方面來看，中國實現四個現代化，經濟改革和門戶開放這些驚天動地的發展，為中國帶來人均GDP一千兩百美元，為開放前六倍的驕人成績；再看香港，政治上平穩度過政權交接，經濟上也從當初一個完全依靠轉口貿易和製造業的城市轉型至國際金融中心，這一兩年來更是步入金融危機後最旺盛的世道，香港的黃金時代似乎已經宣告到來。然而作者在全書中一再提醒，甚至毫不留情的批評，點出許多繁榮背後的不足和缺憾，將會阻礙中國內地和香港的長遠發展，從而勸誡讀者要時刻居安思危。

　　比如在《十年後的香港》、《從自負到淪落》和《文化交流》等文章中，作者指出，香港的國際金融中心地位，並不會被崛起的上海所替代，因為上海缺乏做國際金融中心的軟體。當下應該密切注意的焦點反而是，香港本身能不能保住自己辛辛苦苦建立起的地位。作者認為，全球化的力量勢頭驚人，所有國家、所有地方都可能無一倖免。「在這樣的大氣候之下，一個生活費像香港這麼高的現代城市若然要生存，就一定要搞好全民的英語能力和對新科技的掌握……假如香港的英語水平，連今天的水準也不能保持的話，香港將來淪為世界二流城市，似可斷言」。誠如作者所言，中文與英文在香港雖然同為官方語言，香港人的英語水平逐年退步，已經是一個不爭的事實，連西方人都多批評香港人「半瓶子醋」的英語能力。在一個英文佔據絕對主導地位的商業社會中，新一代香港人如果連基本的溝通和寫作能力都有問題，又如何保證整個城市的國際化水平呢？

　　坦白的說，以中文而言，詹德隆並非那種文采斐然的主流大牌作家，但他視野廣闊、見解精闢，文筆也不失清通細膩，讀其文章，就有如與一位學貫中西的老者喝下午茶般輕鬆自在。最難能可貴的是，詹德隆提倡的「中通外直」理念，通過他經年來的身體力行，已經「植」入香港年輕一輩的骨髓裏，其長遠的影響，才是整套書閃光和價值的所在。

二十一年林夕

　　《曾經》（皇冠書業）這本書是那位靈機一動，將簡體「夢」字拆開做自己筆名的香港填詞人林夕的散文集，其實文章都是舊的，是林夕八十年代尾九十年代頭兩年出版過三本書的結合本，都是專欄結集，包括《某月某日記》、《即興演出》、《盛世邊緣》。十六年後，再一次重現在讀者面前，讀來又有幾多對歲月的別樣感慨和傷歎。書名叫《曾經》，因為那是林夕1985年出道時發表的第一首歌詞作品，由鍾鎮濤演繹，橫跨二十多年後的今天，仍然讓人難以忘懷。

　　全書共分六章，分別是「一個人的味」、「世紀末荒涼」、「總的是牽纏」、「活著自活著」、「此愛」和「感動」，連在一起看，就好像一首時間流轉，空間變換的詞曲。主人公流離於世紀變遷中繁華的都市會所，內心卻一片蒼涼寂苦。為了生計和未來，辛勞並堅持、執著並專心，在一場關於夢想的旅行中充滿期待著前行。

　　事實上，曾經的林夕，從香港大學文學院畢業之後，任職過大學助教、報館、電視台，同時為報紙雜誌撰寫七個專欄。當羅大佑與群星共唱《明天會更好》，崔健吼出第一聲《一無所有》的1986年，林夕通過參加歌唱比賽負責填詞部份輾轉入行，正式晉身為專業詞人，在隨後相當長

的一段時間內，於蟄伏中等待機遇的垂青，可以說是「個中多少苦，誰解其中味」。1989年，兩首同為林夕填詞的作品——張國榮的《無需要太多》和譚詠麟的《八十以後》互相較衡冠軍榜，林夕才正式為詞壇所矚目。九十年代初，林夕與羅大佑合作，加盟羅大佑音樂工廠，寫出了一批批古典詩意與現代辭彙相融合的名詞佳作，正式奠定其香港「詞壇教父」的地位。迄今為止，在21年的填詞生涯中，林夕創作了將近3000首詞章，獲得了無數次大獎，也同時造就了一個通過一己之力更新華語樂壇的神話。在這個神話裏，有林夕的羅大佑、林夕的張國榮、林夕的王菲、林夕的黃耀明、林夕的陳奕迅⋯⋯

　　林夕的歌詞，以對事物觀察入微，對生活體味別致而著名。他的散文，雖然所涉及到的題材有些雜亂，但風格亦是如此，都是從小眉小目的身體語言和城市瑣事出發，利用其豐富的文學修養和創造力營造情感的衝突和張力，展現他既含蓄又大膽，既細膩又澎湃的感情世界。從這本書中，可以隨手採擷到類似的文字。比如在《地鐵母子》中，林夕寫到：「一個母親抱著她的嬰孩在懷抱，母子二人正奮勇在地鐵月台上轉車，在地圖上由一條支線跳到另一條支線之際，忽然失足向前仆倒，母親並不氣餒，第一時間掙扎起來，沒事人般又向前跑，遲了恐怕車門關上，遲了恐怕來不及沖最好的奶粉給嬰孩充飢」。本來只是一段懷抱嬰兒的母親在地鐵轉車時發生的簡單小事，卻在林夕的筆

下似乎轉變成了一曲俏皮鬆快，而又略帶緊張的小調。跳躍的音符不僅勾勒出了事件發生的全過程，而且也延展至想像部份，一句「遲了恐怕來不及沖最好的奶粉給嬰孩充飢」，挖掘出一個平凡中透出感動的母愛形象。

林夕在書中提及他當時的文筆風格「有點臨摹李碧華加亦舒」，有輿論因此而評論，就整本書而言，林夕此言不實。亦舒的文字明快乾脆，觀點獨到犀利，李碧華的文字淒豔華美，深淺處皆蘊涵哲理。比起寫詞的林夕，他的散文文句過份瑣碎散亂，隱晦難懂，感性的成分常常細微至末，宣泄而出，和李碧華、亦舒對比起來，總感覺有不少距離。然而，正如林夕在書中自序而言：「（這本書）充滿了私人日記的販賣，主要是對這個世界雜架攤的眉批，你可能不同意，但希望你會因更加瞭解我而瞭解我見的世界；也有些在大學宿舍生活的感受，你可能沒有，但我希望看過後你會感同身受」。

是的，我們不應該去苛責當時那個初出社會做事，並剛剛開始在娛樂圈為寫歌詞忙得千帆並舉的青澀作者。我們應該慶幸，在十六年後的今天，可以通過閱讀這些一字不易的文字，看到一個樂鍾於觀察體味，會為了身邊瑣事而觸發敏銳情感的真實作者，這才是本書最彌足珍貴的地方。

因為從今時今日往回看去，那些個過往和記錄，都只是曾經。

獨立小書店的生與死

　　在香港旺角的序言書室做了一場關於香港書店之於香港文化深意的講座，散席後和書店小老闆閒聊，話題自然扯到了即將在香港開幕的台灣誠品書店。小老闆憂心忡忡，獨立小書店常常慘淡經營，維生不易，現在又加上誠品的高調進入，一下子租下了銅鑼灣繁華地段三層樓的面積，又是展覽，又是通宵營業（後來改為不定期延至深夜），以此來瓜分香港本已就十分狹小的閱讀市場。大型書店的侵蝕下，香港獨立書店的明天，又該何去何從？

　　誠品書店創辦於1989年，其名字來源自古希臘文eslite，意指精英。誠品自建立伊始，就一直致力於激發創意與閱讀、推廣文化產業，從而在短短的十幾年裏發展成為台北的文化地標，用飄逸的書香帶領台灣找尋浮躁年代中的人文情懷。2004年，《時代》雜誌更是把誠品評選為亞洲區一個旅遊必訪景點。台北的朋友曾經告訴我，在凌晨三點加班結束，離早晨上班時間又只差短短的幾個鐘頭，這個時候走進誠品，要上一杯咖啡，翻翻書，打打盹，會找到一份歸屬感。

　　比之名聲遠揚的誠品，香港的書店似乎就多少顯得默默無聞，不過香港也有自己的特色，最讓人津津樂道的就是那些「二樓書店」。

　　香港的「二樓書店」起於五十至六十年代，於七十年代逐步發展。當時香港正深受國際「革命浪潮」的影響，民族主義、反殖意識強烈抬頭，1971年的保釣運動、1975年的愛國反霸運動均促使這一時期的香港知識份子主動展開自我與他者的反思，試圖從理論層面對社會動盪給出解答。另一方面，在六七香港左派暴動之後，港英政府也開始逐步改變管治策略，通過注重地方社區建設、鼓勵藝文活動積極彌補與香港民眾的距離，著力培養港人安居樂業的本位意識。社會開放的氣氛漸次孕育出有利條件，新一代土生土長的年青人脫穎而出，他們擺脫了上一代的流亡放逐意識，自覺出自己香港人的身份，並主動去追求自我定位和都市發展，而抗拒教條和老套。這種帶有個人性質的追求努力，在知識份子文化思潮的牽領下，在媒體傳播如報紙、雜誌、電台、電影與民間組織的推動下，慢慢匯聚成大眾的文化追求和品位，繼而又演變成一代香港人的文化根基。用香港文化人陳冠中在《事後：本土文化志》一書中所說，「1971年到1981年是香港文化脫胎換骨的時期」。自然的，以文藝思想、社科學術類書籍為主打陣地的各種樓上書店便成為了香港早期知識份子最好的聚散地，並承擔起社會開蒙的媒介作用。

　　這裏不得不提一下香港獨立書店的代表，一間是青文書屋，一間是曙光圖書。這兩家書店同藏於灣仔莊士敦道一座舊樓單位裏，一家售賣中文圖書，一家售賣英文圖書。

青文書屋就是青年文學書屋之意，源自於由香港大學和中文大學文學社合辦的一個青年文學獎。當時部份得獎的學生畢業後，希望把辦文社提倡文學的熱情承傳下來，於是合股創辦了青文書屋，而曙光則由香港「二樓書店」另一位代表人物馬國明一手撐起。由於青文、曙光所收書種的鮮明思想和人文特性，例如那時還難以在其他地方尋覓到的新左派、德里達、福柯和本雅明，以及各種手製的小型獨立藝文刊物，如《工作室》、《女風·流》、《病房》、《前線》、《越界》等，這裏很快成為吸引香港知識份子與文化人汲取知識、結交同道並分享各種前衛劇場、講座演出消息的一個文化場所，今天我們所熟知的香港學術及文化界的許多名人：呂大樂、陳冠中、梁文道、劉細良、馬家輝、崑南、朗天等，都曾經是當年青文書店裏孜孜以求的常客。

1988年，羅志華接手青文，並從此開始了他長達十八年之久的書屋小老闆之路。在羅志華一己之力的推動下，青文由一家單純的書店發展成為兼辦出版發行的多元體，並在「一人主義」的經營哲學之下（一人編輯、一人排版、一人印刷、一人釘裝、一人搬運），出版了許多今天活躍於香港文化界的旗幟人物（譬如陳雲、陳冠中、丘世文、羅貴祥）他們人生中的第一部作品，也斯、黃碧雲、謝曉虹等知名作家的重要作品也經由青文出版。此外，很多沒有市場的香港本土文學書、學術書亦都得到了青文協助出版，並成為香港中文文學雙年獎的常客，羅志華也由此被讚譽為是香

港文化界的「幕後推手」。

　　然而伴隨著香港政府對於灣仔地區雄心勃勃的改造計劃，青文書屋不得不直面生存與死亡這個殘酷的選擇。在過於的二十年間，灣仔由過去充斥著大牌檔、雜貨攤、戲院的市井地，逐步發展成為向世界展現香港的一個窗口。灣仔的舊區，重建項目一項緊挨一項地繁榮登場，直接導致該地區樓價的飛速攀升。特別是到了2005、06年，房地產市道伴隨著香港經濟強勁復甦再次大幅上揚，與青文有著唇亡齒寒關係的曙光在難以維計下又宣佈退出，使得青文更加獨臂難支，只能於2006年8月無奈地宣佈結業。結業後，羅志華將所有庫存圖書搬至大角咀一個倉庫內，期待有朝一日重開青文。但2008年春節前的一宗不幸意外，羅志華在書倉整理書籍時，被二十多箱塌下的書籍活埋，失救而死，青文遂變成永久結業。

　　愛書人死於自己所心愛圖書的重量，象徵文化的書籍反成了殺人兇手，這份淒涼在很長一段時間內都籠罩在香港本土文化人的心裏。用梁文道的話說：「羅志華的死其實是一個象徵；象徵我們的過去；如果不幸的話，甚至象徵我們的未來。」青文的盛與衰只是香港「二樓書店」發展軌跡的一個縮影，這幾年關門的「二樓書店」，知名的還有阿麥書房，而依舊留守的，則將書店逃亡至租金更加便宜的樓上樓，苦苦掙扎著。而資本雄厚的大型出版集團，卻可以依托成熟商舖地段的天然優勢，以及龐大的發行網絡和

物流優勢，進行多元化經營（譬如廣州的方所就將服飾、設計和圖書三者結合在一起打造出了生活美學館），再通過邀請知名作者舉辦講座以吸引人潮，擴大影響和銷量。

但實際上，連鎖書店和獨立書店兩者之間並不是零和的遊戲。誠品高調進入香港，相信在很大程度上將會激發起香港人對書店的關注，而誠品所舉辦的各類活動也會極大地推動本地閱讀風氣的逐步形成，進而從整體上擴大香港的閱讀市場，形成一種增量放大效應下連鎖書店和獨立書店同漲的局面。另一方面，大型書店難免媚俗，擺在櫃架最前方的永遠都是暢銷類書籍，而獨立書店則更加偏愛文史哲等學術人文類書籍，同時也附設有二手圖書寄賣服務，自印刊物交流活動，並和當地的社區網絡、讀書沙龍緊密相連，儼然是一片愛書人精神上的綠洲。譬如我就曾在序言書室買到過陳智德的《抗世詩話》、周綺薇的《推土機前種花》等關乎社會運動、本土文化的小書，而這些看上去屬於小眾的讀物在大書店裏都難尋踪影。所以從這層意義上說，獨立小書店可以起到特色經營、細分市場的作用，當然前提是香港閱讀市場這塊蛋糕要繼續做大。

尋找迷失的家園

就華人移民而言，「家」是一個日漸模糊不清且充滿矛盾的概念。在過去，華僑有一個十分清楚的「家」的概念，那就是他們所出生的村莊。那裏是他們無論漂泊何處，最終都要回去，或者至少在精神上回歸的地方。然而，當代華人移民在努力維持世界不同角落多重居留的同時，卻無法確定哪一個地方才是他們真正的家。他們就此迷失了他們對「家」的認識，生活在別處的困惑無時無刻不成為他們心中的困擾。也正因此，對家園的尋找、對身份的認同，成為了他們生命中的故事。

「香港印尼華人」一詞指那些在印尼出生和長大，二十世紀五六十年代移居到中國內地，又在七八十年代再移民到香港的那一群中國移民。從五十年代起，出於受中華人民共和國成立所激發的中國民族主義的影響，大批東南亞華僑尤其是華僑青年陸續「回」到中國。他們中的大多數在中國學習、工作和生活了二十年，對中國的各項建設事業作出了積極的貢獻。七十年代初期，當中國政府調整僑務政策，放寬了對歸僑及其家屬的出境限制之後，他們中的許多人又離開中國大陸，來到了香港。目前，香港大約有三十萬到四十萬來自東南亞的華人。其中，印尼華人佔絕大多數，大約有二十多萬人。

在《活在別處：香港印尼華人口述歷史》（香港大學出版社）一書的作者王蒼柏看來，香港印尼華人對於「家」的定義，是充滿矛盾的。對他們而言，「家」分散在三個空間，分別代表著三種不同含義。香港是「功能的家」，印尼是「情感的家」，中國是「祖先的家」。「家」在這三個方向拉扯之下，出現了無法癒合的裂痕。這種裂痕在香港印尼華人的內心深處，製造了強烈的不安全感和自我保護的潛意識。

首先，雖然香港印尼華人中的絕大多數已經在香港生活了二十多年，並且獲得了永久居留權。他們自己也承認對香港的熟悉程度，已經超過了中國大陸和印尼。但是，香港對他們而言，只不過是一個「居所」而已，一個他們及其家人可以生活的棲身之所。他們很多人並不認為自己是香港人，而充其量是這個城市中的一個「過客」。一位口述者在書中就曾這樣說：「我們並不認為香港是我們的地方，我們至今仍有這種感覺。畢竟我們是新移民，不是本地人。如果我們在這裏出生長大，也許想法就不一樣了。」

同時，在香港這塊居所之上，香港印尼華人的社會地位和社會認同長期處於一種邊緣化的尷尬境地，難以進入當地主流社會。就語言而言，經過在中國大陸多年的生活，他們已經習慣講普通話。除了一小部份來自粵語方言群的人之外，那些來自福建、客家、潮州、海南等方言群的印尼華僑，都不會講香港的本地話。即使在香港生活了幾

十年之後，很多人也依舊操有混雜著普通話和東南亞語言的特殊腔調。在「粵語沙文主義」盛行的香港社會，他們在就業和生活等方面難免遭遇到歧視和排斥。第二，香港印尼華人也不被其他的來港大陸新移民所認同。儘管印尼華人和其他來港新移民都遭受到香港本地社會的文化隔閡和社會排斥，但是，在大陸中國人的眼裏，這些印尼華人並不算是「真正」的中國人，他們已經失去了與中國祖籍地的社會和情感的聯繫。

其次，香港印尼華人對他們出生和長大的印尼，同樣也懷有一種「家」的感覺。在這個意義上，「家」是他們感到輕鬆自在和具有文化親近性的地方。然而遺憾的是，與印尼親友關係的疏遠和改變，也進一步加深了這些香港印尼華人「無家」的痛苦。在經歷了長達二三十年的分別之後，香港印尼華人發現，無論是自己還是印尼的親友，都發生了巨大的變化。要想恢復從前與家人的那種關係，已經不可能了。在印尼家人面前，很多人為自己在中國的坎坷經歷和一事無成而感到尷尬和汗顏，因而有意與印尼的家人保持一種比較疏離的關係。用書中回憶者的親身體驗來描述，就是「當初我不顧父母的反對回到中國。雖然現在比較困難，但怎麼還有臉面去求他們幫助。我只能靠我自己」。

再次，香港印尼華人仍然把中國大陸當作他們的「家」。在這裏，「家」意味著祖先的家園以及種族和文化的根源。然而，長期的海外漂泊使得中國在他們眼裏，

與其說是一個理想的居所，不如說是一個文化的符號。在書中，一位被採訪者就曾經這樣真切地回憶到：「我是海南人，但我從未參加過香港的任何海南社團。這些社團的成員都來自海南，而我是在印尼出生的，我和他們有一種距離感。雖然我也回過一次海南，但除了我父親那個村子的名字以外，我對那裏一無所知。我和那些真正的海南人之間，沒有甚麼共同的話題，也談不上有甚麼感情。」

因此，從上述三層意義出發，香港印尼華人對「家園」的渴望顯得更加珍貴和迫切。從「活在別處」到「活在此處」，也許這才是香港印尼華人及其後代的真心歸屬。真正獲得一種回家的感覺，他們的旅行，還需要再走多遠呢？也許，這本書中十位香港印尼華人的口述故事，將會告訴我們他們尋找家園、重建家園的生命答案。

真的要撤離香港？

有一段時間，由於一邊頻繁拋售內地及相關資產，一邊在海外進行大手筆投資收購，素有超人之稱的李嘉誠不斷遭遇外界對其「撤資」和「東退西進」的質疑。風口浪尖之上，李嘉誠罕有地接受內地南方報業的專訪，將其近來的一系列動作解釋為依然遵循其多年來「低買高賣」的商業策略，而非外界所定義的「撤離香港」。

李嘉誠出售旗下內地和香港的業務，自有一套商業運作的內在邏輯。譬如根據和黃的財報，集團在香港和中國內地的盈利能力，近兩年均出現滑坡。及至2012年，其內地業務所貢獻的營業額佔比降至11%，稅前利潤更是降到了19%；在香港市場，港燈的回報率，也由當前的10%預期降低至7%左右。關於李嘉誠的投資策略，相信已經有很多篇專業的財經類文章做過深入的分析，在此不再贅述。

誠然，李嘉誠本人的投資偏好，並不意味著整個香港市場的前景是一片黯淡。但他出色的商業嗅覺，選擇「撤資」（或者更準確的說，選擇一個更佳的投資地點），之後又高調地主動邀請媒體通過採訪的形式「反擊」社會的質疑，這些舉動不得不讓人從一個側面加深對香港未來前景的擔憂。

這裏，李嘉誠的商業佈局並不是唯一指標。該年香港

社會的諸多發展，演變之快、影響之深，讓很多人都不無擔憂香港的未來。這層擔憂主要體現在兩個層面，一是經濟，二是政治。尤其是在政治層面上香港未來的政治圖譜到底該如何描畫，如何可以達成一個讓中央政府和本土力量都接受的政治平衡，這一點似乎到目前為止都還難以看出方向。這一關鍵的節點／阻礙點如果不打通，或者在打通的過程中付出的代價遠遠超乎預期，則對香港未來的整體發展是極為不利的。

　　還是先回到經濟層面上看看香港所面臨的危機。香港邊緣化的問題，早已有由來，只是最近伴隨著上海自貿區的建立，這一話題又再次被提出來。

　　香港從開埠之初就被港英政府定位為自由港，並銳意經營，除了採取低稅制和自由貿易原則外，還培養出眾多熟悉國際市場、精通國際貿易和金融業務的專業人士，再加上香港的天然深水港條件、地處東西方貿易交匯中心和背靠中國大陸等方面的獨特優勢，使香港長期以來一直發揮著一個重要的貨易集散地功能，轉口貿易佔有舉足輕重之地位。香港經濟對貿易依賴程度之高亦為世界所少見。正因為香港是中國大陸通向世界的橋樑，也是全球進入中國內地這個大市場的跳板，兩地的經濟貿易聯繫源遠流長。

　　但隨著中國貿易、金融直接與世界接軌，中國內地市場直接向外資開放，香港傳統意義上中國內地走向海外的

仲介對外平台功能在減弱，香港對中國內地的影響力也愈來愈小。「橋樑」，已經不再是過去的那種「橋樑」了。

就整體經濟水平而言，香港和內地沿海大城市的差距在縮短。譬如，經濟增長速度不如上海和深圳，人均GDP差距趨於縮小，而近在咫尺的廣東，2005年的GDP就已經實實在在超過了香港近三分之一。再放眼深圳、廣州、珠海、湛江一帶，那急劇興建擴張的機場、港口、公路、鐵道，都以比香港更廉宜的成本、快捷的施工、驕人的規模和更靠近人流貨源的地理位置，展現出巨大的潛能。

就個別優勢行業而言，香港也確實被邊緣化了。在金融業，伴隨著內地銀行業擴大開放，在香港的持牌銀行總數回歸之後一直在不斷下降，已經從1997年底的180家減少至2012年底的150多家，顯示出香港作為國際金融中心的吸引力不斷減弱的趨勢；在航運業，香港世界航運中心的優勢地位則遇到了來自上海和深圳的強大競爭。由於貨源分流和高營運成本，香港集裝箱吞吐量增長放緩。維持了十多年之久的全球第一大集裝箱港口的地位，自2005年被新加坡取代之後，2007年又被上海所超越，退居世界第三。相信伴隨著深圳港最近幾年的大幅崛起，老三的位置被趕超只是時間上的問題。

但是經濟邊緣化的問題，相信在未來很長一段時間之內，居安思危的香港人是有能力去適時調整自己，應對區

域競爭和挑戰。何況相比較於上海、深圳，香港的總體優勢仍然存在，特別是在軟實力的自由市場和法治社會這兩個維度上，香港的這些制度性保障可以讓它在和過於強調大投資、拼硬體的內地城市的競爭中佔據優勢。研究香港服務經濟體系的專家麥克（Michael Enright）在其著作《大珠三角和中國的崛起》（*The Greater Pearl River Delta and the Rise of China*）中就曾預測，香港的經濟結構將愈加集中、縮窄至核心服務行業，「從香港參與的活動而言，香港的經濟會變窄，香港可能會發現，其從事的活動範疇縮窄至數個最高增值的管理、統籌、金融和諮訊活動，從事這類活動的公司數目和種類亦將大量增加。這不一定是好或壞。隨著中國內地特別是珠江三角洲的進步和開放，在很多情況下香港的經濟將愈來愈類似世界上其他主要經濟城市。不論是紐約、倫敦、芝加哥、蘇黎世或者東京，這些城市都透過發揮樞紐能力來管理和協調經濟活動，以及提供融資而繁榮。主要的經濟城市都因控制或處理知識、諮訊、貨物和金融的流通而繁盛。」

比較棘手的是政治議題。香港的政制發展到今天，已經確定了清晰的普選時間表，追求全面更高度的民主已經成為社會共識。但是在這一共識之下，社會分歧卻非但沒有收窄，反正逐步在擴大。就連溫和的學者們都看不下去，通過組織「佔領中環」運動表達爭取香港特首普選的公民決心。雙普選議題特別是特首普選，已經實實在在成

為香港政治發展進程中的一個關鍵節點，香港精英以及中央政府顯然都知道這一點。但癥結恰恰在於，如果在北京的預設框架內談細節（譬如普選之前需先進行篩選／預選，特首候選人的基本條件必須是愛國愛港，不可與中央對抗），則一談就死；如果北京全面放開普選，又必然會擔心中央的話語權與決定權在香港會大大減弱。對此，北京是不是有智慧放，香港是不是還有耐心等？這個社會在未來是否能夠頂住外部的壓力而變成其他城市效仿的典範，還是陷入更為糟糕的政黨內耗以及民粹化的激進局面，就好比一些激烈的聲音所指出的那樣，「寧願原地踏步，也不走錯路」、「未來十年，街頭見」？在這一系列擔憂面前，沒有人希望最壞的情況出現。

星洲、香港和上海

如果在新加坡、香港和上海這三座城市之間做一個選擇，以作為自己長期生活工作的根據地，你會如何選？

這個問題當年也困擾了國際對沖基金鼻祖羅傑斯 (Jim Rogers)。當他決定移民亞洲的時候，也著實苦惱了半天。在羅傑斯看來，1819年開埠的新加坡，1841年的香港，1842年的上海都曾是東西方交匯之地，都曾期待發展成為遠東的貿易中心，在長達一個多世紀你追我趕的競爭之中，三城各有優勢和劣勢：新加坡空氣清新、投資環境便利、英語通行，且有足夠的普通話環境，卻欠缺足夠的自由；上海新興發展，到處充滿了刺激，最能滿足移民的條件，可是軟體的不足卻成為最大的困難；香港集星滬之長，且香港人普通話和英語皆精，雖是不錯的落腳點，但是城市居住空間窄小，以及時不時的空氣污染卻構成了最大的障礙。

羅傑斯最終選擇了定居新加坡。在上海真正冒起之前，香港和新加坡一直就是亞洲「雙城記」中的主角。兩個城市背景相近，都接受過英國統治，都是典型的都市經濟，但新加坡的面積和人口只相當於香港的三分之二。從上世紀50-70年代開始，製造業成為新加坡經濟起飛的龍頭，並一直是新加坡經濟重要增長點之一。新加坡國父李光耀在其《李光耀回憶錄──經濟騰飛路 (1965-2000)》

中文版第四章以《絕處求生》為標題，描寫了新加坡積極吸引美國等發達國家跨國公司投資以建立新加坡製造業尤其高科技製造業的經驗。在第四章引言中，李光耀說：「儘管我們缺乏國內市場和天然資源，我們一定要提供條件讓投資者能在新加坡成功營業，有利可圖。」據聯合國工業發展組織的統計資料顯示，1985年新加坡在全球高科技製造業產品出口額排名中位元列第11位，香港是第15位，差距不大；但到了1998年，新加坡躍居全球第5位，香港卻跌出全球25名以外。今天，製造業已經佔據新加坡GDP的比重超過四分之一，達到29%之多；香港的卻不足5%。

儘管新加坡製造業水平顯著高於香港，但是新加坡政府並沒有自滿，反而將「憂患意識」作為國魂，居安思危，改革創新，明確提出將發展高新科技產業作為經濟轉型的方向和目標，投資135.5億坡元大力發展生物醫藥科學、互動與數碼媒體、環境及水務科技三大支柱產業。僅以生物醫藥科學為例，新加坡從無到有，僅僅花了10年時間，從1997年只有18億坡元的產值，成長到2005年的152億坡元，2015年總產值更突破250億坡元，相當於新加坡GDP的14%，其鴻圖大志可略見一斑。

此外，新加坡在經濟比較發達的國家中是少有的實行強勢行政主導模式的國家，對此李光耀就曾解釋：新加坡是一個國土狹小、資源貧乏的小國，不能出現多黨政治，政府必須廉潔高效，否則將難以在全球化的競爭時代生存。

新加坡人的這種高度危機感，推動著他們不斷完善行政主導體制。新加坡近年來努力尋找新的經濟定位及出路，除倡議發展創新科技之外，還破禁開賭，振興旅遊業，藉以擺脫瀕臨山窮水盡的傳統經濟模式。根據新加坡政府的預計，在一系列政策和措施的刺激下，訪問新加坡的旅客人數會由2005年的900萬，倍增至2015年的1700萬，直接旅遊收益達到每年300億坡元。

再看上海。上海與香港所構成的是沿海中國走廊，他們更喜歡用「雙城記」來形容彼此關係。鏡像中的雙城，意味著互相看到自己，從經濟領域來說，上海正拿香港作為學習和趕超的目標，不管它承認與否，其終極的追求是要超過香港。在上海市的長遠規劃中，上海市政府便明確指出，要將上海建設成為國際經濟、金融、貿易、航運中心，比起香港國際金融、貿易、航運中心還多了一個「經濟中心」，可見上海的野心之大。難怪在一些國際重要人物的預期中，只是對上海趕上香港的時間表有差異，對於上海終將趕上的結果卻沒有異議，有的（如李光耀）更是堅信上海終將取代香港國際金融中心的地位。

香港呢？隨著中國貿易、金融直接與世界接軌，中國內地市場直接向外資開放，香港過去傳統意義上「中國通向世界的橋樑，全球進入中國的跳板」角色受到挑戰，香港以往的一些優勢在弱化，這種弱化主要體現在三個方面：一是香港經濟增長速度不如上海、深圳、廣州，香港和內

地沿海大城市整體經濟水平差距在縮短；二是香港經濟吸引力在下降，香港吸收的外來直接投資不僅沒有推動本地科技水平提升，而且外來直接投資最終多經香港流入內地；三是香港金融、物流、航運等傳統支柱產業的優勢地位，正面臨著上海和新加坡等城市的強大競爭。此外，在理念上，大香港主義心態的抬頭，正是香港今日出現下滑走勢的思想基礎。過去，香港對鄰近地區一直有一種瞧不起的心態和優越感，一直視自己為龍頭，為中心，殊不知自己並沒有持久的經濟輻射力和帶動力，於是到了已經沒有人講龍頭的今天，反而產生了被排擠的感覺。最近一段時間香港反內地遊客的民粹主義激進運動，就是一個最好的寫照。

　　但是香港的比較優勢也十分明顯。和新加坡相比較，香港擁有一國兩制的「天時」優勢和中國內地龐大經濟腹地的「地利」優勢，而新加坡在缺乏經濟腹地的天然缺陷之上，不僅繼續面對傳統對手馬來西亞的競爭，而且開始承受來自中國、印度以及其他國家的追趕；和上海相比較，香港作為大中華經濟圈裏的一個國際化大都會，擁有法制完善、效率快捷、資訊自由、金融市場成熟、金融運作透明度高等軟體優勢，依然是吸引跨國公司在亞洲設立總部的首選和國內企業接觸世界的平台跳板，而上海的發展則受到諸如國家宏觀政策等外部條件的制約，知識管理、軟體搭配以及市民的現代化素質等方面還有待培養和提高。

　　城市的發展和興盛，其實最為關鍵的因素，還是居於其間的人。在危機面前，只能選擇勇敢地去面對，而非逃避和推託責任。辱罵不能解決問題，只能增加矛盾。在區域化和全球化的競爭面前，香港應該適時反思。

香港的明天

　　再次回到香港，整座城市依舊充滿活力，讓人感到親切，但親切之餘，又多了幾分陌生，很多遺憾。

　　和舊同事相約在深水埗的維記咖啡粉面吃碗牛肉麵，搭配咖央西多，重溫香港的老味道。這家不起眼的店舖，卻在香港大名鼎鼎，任何時間去吃，總是要排長長的隊伍等候一個和他人拼桌的小位子。店舖的牆上貼著曾蔭權和夫人一起吃麵的宣傳照，照片裏的曾特首吃得如此歡樂，卻讓我們感慨良多——八年前我們常常乘著工作午休時間一起過來打牙祭，彼時還常常嘲笑特首的領結，為甚麼總是變著花樣的換樣式、換顏色，八年後我們突然發現，這樣的特首其實很招人喜歡。

　　吃完牛肉麵，我們又站在鬧市的街頭，一人捧著一小碗魚蛋，邊吃邊聊。同事早已過了而立之年，伴隨著身體的發福，漸漸濃縮成了一個典型的普通香港人：每月付著高額的房租，每日奔波辛勞的搵三餐。想要孩子，但需要先買房子；要買房子，可是家裏又有老人、有兄弟姐妹需要照顧。這一拖一等待，香港的房價如火箭般地飛升，高到讓人難以接受。年輕時周遊世界的夢想迅速成為過眼雲煙，也許更重要的，是多多掙錢，早日過上有房有自己獨立空間的平穩生活。

生活重壓之下，他又重新開始打起遊戲，手機遊戲、電視遊戲都打。可是因為年齡的緣故，跟不上最新的潮流，所以玩的還是多年前的帝國時代，似乎只有在自己編織的一個遊戲帝國裏，才能重新找回年輕時代的雄心壯志，擺脫日常生活和工作中所面臨的痛苦和煩惱。也許，躲避比直面更加容易消磨時光。

這些年，香港在劇烈的變動，可是那些激烈的爭論，無日無休的紛擾，似乎都和他沒有絲毫的關係。普通市民階層，他們有著更加現實的荊棘需要邁過，但他們的努力，又因為嵌在整個大時代的格局之下，顯得很無力，似乎如何努力，都依舊在不自覺間沉淪下去。整整一個階層的掙扎，都無法阻止一個城市在慢慢地下行。

國際人力資源諮詢公司（ECA International），在2017年發佈全球最宜居地區排行中，香港在全球的吸引力一下下跌了16位，跌至第33位，而同屬於亞洲區的新加坡則繼續維持全球及亞洲區的榜首地位。一直想和新加坡競爭的香港，卻被新加坡拉得差距愈來愈大。而更為糟糕的是，該調查指出，預計香港在未來的2年裏，排名都不會回升，亦即香港在可見的未來裏，是缺乏向上的希望。而就在這樣的預期當中，首富李嘉誠從香港撤資的新聞，每一天都在各個媒體上被大肆的報導和渲染。

售賣魚蛋的攤前依舊好多食客，鬧市的街頭依舊車水

馬龍，人們來來往往。這裏的香港和多年前的香港相比較，周圍的建築和城市景觀沒有絲毫的改變。但居於其間的普通香港人的精神，卻似乎添加了很多的鬱結和不確定。這種結構性的改變，讓所有人都在問同樣的一個問題：香港怎麼了？

也許，一個更好的問題應該是，香港怎麼辦？我們怎麼辦？

我的前同事選擇了打電玩，每日工作結束回到家裏，立即就投入到一個虛擬的世界當中，去建造一個烏托邦的帝國。我的好幾位來自內地在香港工作的朋友，以及曾經將香港設為他們事業首選的在海外的朋友，他們則選擇回到內地，因為那裏的機會更多，市場更加廣大，很多新的規則正在建立，可以有更多的空間施展才華，實現人生的目標。而我另一位香港本地的好友，則選擇紮根香港。他在工作之間，又聯合志同道合的友人一起創辦了一家基於社區服務的非盈利組織，將本地的大企業、財團和基層社區（特別是弱勢社區）對接，幫助培養社區青少年的能動意識和專業特長，以及對社會的投入。他同時還經常往返於內地與香港之間，將內地優秀的想法和創新產業介紹回香港，並組織兩地青少年的交流和對話。

在一個不確定的未來面前，每個人都面臨著選擇，這些選擇將會決定一座城市是會更好，還是會繼續沉淪。我

看到我前同事的痛苦，他是如此友好和善良，沒有偏見和狹隘，也許缺少的，僅僅只是一個火花，一個機會。一座城市也是如此，會面臨很多的轉折點，起起伏伏的道路，總是發展的常態。只是，在機會面前，我們是否都已經準備好了嗎？

如果的命運

周壽臣：一卷鮮活的香港故事

　　中國最早一批留美學生和昔日香港有著不解的緣份，這其中，就有香港人非常熟悉的周壽臣爵士。這位滿清政府派出的第三批留洋幼童之一、香港史上首位華人議政局（即後來的行政局）議員、第三位受封為爵士的土生華人、香港東亞銀行的創始人，在20世紀初期的香港政商界扮演著舉足輕重的角色，並因貢獻卓著而贏得各方的認同和讚許，迄今香港島南區的壽臣山和壽臣劇院皆以他命名。在由周壽臣之孫周振威博士和香港大學亞洲研究中心助理教授鄭宏泰博士合著的《香港大老周壽臣》一書中，便細緻總結了周壽臣幾經波折、歷盡風雨的百歲人生，重現了他生於香港、肄業美國、任職滿清、服務港英的事迹。

　　所謂大老，是指在香港德高望重、社會地位顯赫的高壽人士。在上世紀50年代，周壽臣與香港首富何東爵士，雙雙被人尊稱為香港大老（Grand Old Man of Hong Kong），而周壽臣的地位，尤為特殊。這位前半生見證風雨飄搖的晚清政局、後半生致力於香港經濟發展的大老，其人生所折射出的，是一卷鮮活的香港故事。

　　香港開埠二十年後，周壽臣在香港島黃竹坑一個鄉村出生，年紀稍長即在父母的安排下進入創校不久的皇仁書院念書，初步接觸西學。而當時連番遭遇外敵侵擾的滿

清皇朝，在接納美國耶魯大學首位華人畢業生容閎的建議後，派出幼童赴美，希望藉此強國強兵，抵禦外敵。年僅12歲的周壽臣，就在此機緣巧合之下負笈西洋，入讀於哥倫比亞大學。可是，這次被李鴻章形容為「中國創始之舉、古來未有之事」的留學計劃，卻因保守勢力的諸多阻撓而草草收場。

回國後的周壽臣由李鴻章委派至朝鮮，負責海關稅務工作二十餘年。作為滿清藩屬，朝鮮的命運同樣多舛，既有西方列強的虎視耽耽，亦有島國日本的伺機吞併。在這樣的大環境之下，周壽臣在協助總管朝鮮事務的袁世凱約束日本野心的同時，還需平衡列強的爭奪。雖然朝鮮的內部事務可以安撫，但日本的侵略則無法抑制，最後甚至引發了中日之間的甲午戰爭。戰爭的結果震驚世界，全盤西化的「倭寇」擊敗了局部變革的「天朝大國」，令許多留洋幼童開始重新思考國家的振興之路。部份人士認為由上而下的改良已經沒法引領中國走出任人魚肉的困境，部份則堅持仍然聽由上層領導，並提出全面變革的設想。當時已經年過半百的周壽臣則選擇返回到自己的出生地香港，一心發展實業，以實業興國。

回到香港之後，由於個人既有赴美的留學背景，又有豐富行政及管理經驗，更具備穿梭不同政治勢力的人脈關係，周壽臣不但成為香港商界爭相招攬的生意合作夥伴，連港英殖民地政府也認定他是「行政吸納」的理想對象，

先後委任他為潔淨局（即後來的市政局）及定例局（即後來的立法局）議員。周壽臣在1925至26年「省港大罷工」期間的努力調停，更是為省港華人及港英政府達成雙贏局面立下汗馬功勞，由此進一步深得港英政府信任，被破例任命為殖民地政府權力核心——議政局的首位華人議員，可謂是香港華人的傑出代表。

特別值得一提的是，在香港淪陷後，周壽臣與其他華人領袖加入日軍所設立的「香港華民各界協定會」，協助日軍管理香港社會秩序。對於這一段日治時期周氏跟日本人合作的歷史，本書並沒有刻意隱瞞，但寫得較為婉轉：「面對那個困局，一走了之、明哲保身或者是部份人的選擇。但是，對於那些走投無路而別無選擇的人而言，俯首稱臣，並在自己可以爭取的範圍內協助那些生命懸於一線的市民，未嘗不是一種行善積德、造福人群的舉動」。作者在這裏通過一個細節強調出周壽臣的愛國之心：當被問及為甚麼都一直穿長衫馬褂、卜帽布鞋時，周氏的回答是「因為我是中國人！」

個人的命運與時代的發展始終是相互依傍，從周壽臣的一生，可以窺看到近代中國起伏跌宕的歷史發展變局，以及一個世紀的香港滄桑故事。同時，赴美留學是教科書上鮮有提及的一段歷史，只有錢鋼和胡勁草合著的《大清留美幼童記》一書成為補遺。從1872年到1875年之間，滿清政府派出四批共120名少年赴美留學，名單中更是有不少

包括周壽臣在內的香港人。留美幼童計劃最終半途夭折，但故事並沒有就此停下來。他們被召回國，經歷了晚清至民國期間的動盪時代，有的擔任朝廷要職，有的在戰爭中陣亡。百多年後的今天，他們的後人各散中美和香港，不知還知否祖父輩的故事？因此，從這層意義出發，香港應該出版更多這些類似的人物傳記，以幫助年輕一代的香港人更深刻地理解典型「香港故事」的特質和內涵。

何東：華洋混雜的香江大老

　　昔日，香港曾流行過一句「有錢得過何東？」的諺語來比喻何東爵士富甲一方。這位與周壽臣一同被尊稱為「香港大老」的爵士，雖然外貌看似洋人，但行為舉止卻十分中國化，彷彿與香港的歷史和命運——既屬中國固有領土，又曾為英國殖民地——緊緊地結合在一起，休戚與共。

　　歐亞混血的何東1862年出生於香港，很小的時候荷蘭籍父親就因生意上的失敗而黯然離開香港，不得不和華人母親相依為命，靠自己的雙手打天下。由於早年曾經求學於雙語教學的中央書院，精通中英雙語的何東畢業後旋即加入了廣東海關，開始其個人經營東西貿易的事業。或者是看到商業社會的巨大發展空間，在海關工作兩年後的何東選擇投身英資龍頭大行——渣甸洋行，成為該行的一名華人助手買辦，並且憑藉著個人兼通東西、連接華洋的卓越才幹，在極短的時候內獲得提升，被委任為剛成立的「香港火燭保險公司」及「廣東保險公司」總買辦，掌管旗下大小不一的華洋貿易。

　　在個人成就獲得充分肯定而商業網絡又逐漸建立起來之後，何東又進一步利用自己橫跨東西文化的優勢，與兩位胞弟何福及何甘棠另起爐竈，共同組建起自己的公司「何東公司」（ Ho Tung & Company ），專事食糖的買

賣，由東南亞等盛產蔗糖之地輸入廉價食糖，再轉售給食糖一直供不應求的華北地區，賺取差額利潤。由於經營得法，何東迅速致富，年紀不出30歲便已經崛起成為香港一位舉足輕重的富豪巨賈。

商業貿易初試啼聲便取得驕人成績的何東，還進軍航運及地產買賣。早期的香港雖然是進入中國市場的重要門戶，但它的動盪與混亂仍使得許多居港華人將此地看做自己臨時的暫居之所，他們並不大願意將自己的財富留放在這裏做長期投資，特別是投放在那些「帶不動、拿不走」的物業地產之上。而何東則恰恰相反，由於一直視香港為家，立志紮根本土，因而在每次政治前景不明朗而市場氣氛低迷之時，何東都能以相對較低的價格吸納優質投資專案，作為長線投資，從而令個人財富在短時期內得到快速積累。或者正是這種出類拔萃的投資目光和膽識，以及對香港社會的無比信心，令他能穩居「香港首富」的地位而終其一生。

商場上長袖善舞的何東，在政治領域也積極參與，特別是對於中國的政治事務，更是由於其特殊的身份而親歷親為，並因卓越的貢獻而贏得各方的認同和讚許。早於1898年，何東就曾經因為同情「戊戌變法」而冒險拯救被慈禧太后追捕的康有為，甚至敢冒政治上的「大不諱」而招呼康氏到家中作客。中華民國創立之後，何東又奔走南北，呼籲軍閥放下個人私利，停止內戰以結束國家的分裂

局面。1929年，何東遣子從軍，幼子何世禮加入張學良將軍的東北軍，其後抗擊日寇，保家衛國，半生戎馬而至國民黨將軍要員。此外，何東也積極參與香港的政治事務，除了支援胞弟何福進入香港立法局之外，也透過女婿羅文錦、羅文浩在政府的不同層面發揮影響力，展示出個人亦商亦政的超然地位。

何東的個人成就固然讓人敬佩，但與此同時，他歐亞混血的獨特身份也清楚地烙印出在香港殖民地色彩之下，深受西方文化感染的華人或歐亞混血兒內心裏因身份認同而產生的各種矛盾與掙扎。

一方面，何東一直高舉華人身份的旗幟，宣示自己的中國人身份。當香港的華人社會遇到重大困難而需要他的幫助時，何東均表現得極為熱心，不但輸財出力，亦會全情投入。同樣的，當中國大陸戰火不息、生靈塗炭時，何東又會挺身而出，由南到北地呼籲和平，及至遣子從軍，更是被視為極為高尚的愛國行動。如此種種，均可顯示何東的華人身份認同，不僅僅是一身長衫馬褂的華人服裝打扮那麼表面，而是以實際行動表率。

另一方面，何東又一直堅持英國屬土公民（British subject）的身份，私底下更表示效忠香港殖民地政府和英國政府，甚至多次為英國政府出謀劃策（如1922年調停海員大罷工時，承諾捐出巨款以滿足勞方要求，但當罷工風潮

結束之後，又不肯兌現承諾；1925年省港大罷工，何東更是秘密支援港英政府以強硬手段對付工人，並協助政府分化工人，瓦解罷工行動），以及希望英國政府運用一切外交力量，維持其在華利益，行為舉止與其一向憂國憂民、認同中華的形象大相逕庭。

何東的這種身份矛盾也間接來自於他者的評價與審視。由於中國社會傳統中「非吾族類，其心必異」、「只信自家人、不信外人」一類的歧視心態作祟，儘管何東曾公開認同中國人的身份，但他那讓人一看便覺的並非純種華人的外表，以及穿梭於華洋社會的買辦角色，都使得華人社會往往對他報以懷疑或者不信任的目光；而對於英國社會而言，雖然在香港殖民地出生的何東，按照英國的國籍法屬於英國的子民，但殖民政府歧視非歐洲人的政策，似乎超出了法律的層面，因此也沒有主動地視何東為「混血華人」，像對待英國公民般平等待之。

對此，《香港大老——何東》（香港三聯書店）的作者鄭宏泰和黃紹倫就認為，在東西文化接觸和交往極為密切的香港殖民地社會中，何東不但是東西方血肉的混合，連思想、價值、態度和行為等方面均是東西混合的，因而才會同時受到華洋社會的諸多質疑，認為他只知為著一己私利或是對方民族的利益考量，而並非自己民族的一份子。結果，這些混血兒的立場和態度就顯得左搖右擺，繼而出現身份認同上的糾纏，甚至產生雙重效忠的尷尬和矛盾。

　　但何東也有著非常真摯濃厚的愛港情結，是「飲香港水、流香港血」的「標準香港人」。《香港大老——何東》一書中專門引述了上世紀30年代香港華商總會所披露的一份「全體價值董事一覽表」，從這份資料中可以看出，當大部份華商將自己的「祖籍」登記為東莞、佛山、海南一類的地縣市時，何東登記的則是「香港」，一個傳統上不會有華人如此稱呼的祖籍地。這充分説明何東並沒有一般華人只視香港為臨時居住地的「過客心態」（sojourner mentality），正是這種「以港為家，紮根本土」的香港心，終令其成為享譽香江的「香港大老」。

羅德丞：香港最後一個政治貴族

　　有「大羅」之稱的羅德丞是香港「大老」何東的外孫，他的父親羅文錦是老牌律師，港英時代曾任行政、立法兩局議員，更曾擔任首席華人非官守議員，可謂系出名門、身兼巨富，是香港典型的政治貴族。而他在香港政壇，特別是香港回歸前一段日子裏的戲劇性起伏，更是給後人留下了很多品評的空間。香港民建聯前主席馬力就曾稱讚羅為眾多當年有意角逐首屆特區行政長官的政治人物中，最有政治智慧、能力最強者；而民主黨元老司徒華則貶損羅為沒有政治道德和政治智慧的兩面小丑。孰是孰非，《羅德丞政海浮沉錄》（博益出版社）一書的作者高繼標，出任羅氏的新香港聯盟總幹事與私人秘書多年，由他所寫就的回憶錄，或許可以為我們提供一個嶄新的評判視角。

　　一直以來，港英政府都利用本土華人家族的影響力去管治香港，對於他們的後代如羅德丞，自然多加栽培重用。到了1980年代麥理浩就任港督後，更視羅德丞為延續華人世家與港英協作僅有的一燈香火，並先後委任其為行政、立法兩局非官守議員。

　　正當羅德丞在港府內的仕途大紅大紫的時期，香港前途問題提上日程，1984年英國首相戴卓爾夫人在北京跌出了外交史上那著名的「一跤」，緊接著中英兩國簽署了《中

英聯合聲明》，中國收回香港已經成為定局。在這樣的背景之下，羅德丞以不滿英國政府在香港前途談判中未有顧及港人利益為由，「憤然」辭去兩局議員的職位，與英國政府劃清界線，並開設投資移民公司「太平門公司」，協助港人移民。不久，被港英視為「叛徒」的羅氏轉投北京，先後提出了多項有針對性的議題，包括「直通車」問題、港英新機場的陰謀論，以及其最得意的一筆──立法會「一會兩局」的投票制度。「一會兩局」的運作方式類似英國的兩院制，將立法會一分為二為功能組別和直選組別，當立法會議員提出私人提案時，兩組議員必須分開投票，兩組贊成者同時過半，提案才能通過，目標是大大壓抑議員提出私人草案的通過機會（據書中所述，羅德丞為了推行該方案，曾向當年的港澳辦主任姬鵬飛遊說，當時立法會所採取的是簡單大多數的議決方式，只要一方得到51%支援，就相當於得到了100%的票數，擁有話事權，其餘49%其實等於零。言下之意，51%的人可以完全控制餘下的49%，所以民主派的力量只要在立法會取得51%票數，便可以為所欲為，翻天覆地，因此羅德丞認為適宜把立法會一分為二，以分組點票制去鉗制立法會的民主力量。在羅德丞看來，只有這麼做，才可以讓中央完全放心，中央才不會干預香港）。由於羅德丞在這些議題上的立場與貢獻，很快就獲得了中方的器重，被委任為基本法諮詢委員會副主任、港事顧問、籌委會委員及推選委員會委員等，並成為首位放

棄英國國籍、拿中國護照的香港人。

臨近九七回歸前，羅德丞又雄心壯志地競逐首任行政長官，可是由於其世家子弟的性格以及路人皆見的野心，加之中國政治文化中素來講究「韜光養晦，深藏不露」的籌略技巧，結果最後因為不得人心只得宣佈棄選。這位曾叱吒風雲的香港政治貴族從此淡出政治舞台，鮮有論政，直至2006年底病逝於香港。

一般來說，香港的政治人物，很少有如西方政客退休之後寫回憶錄的傳統；即使有，或者出於中國人的人情世故而對關鍵事件、敏感人物多所避諱，或者就是王婆賣瓜自吹自擂。這本書或多或少也有類似的缺陷，作者自己也承認，原定計劃寫十萬字，最後只寫了六萬字就收筆，為的就是「不想沒有了朋友」，畢竟書中所提及的人物大部份仍然健在，而且活躍於香港的政商兩界（例如當年貴為布政司的陳方安生曾忠告下屬孫明揚要和羅德丞保持距離，但另一方面又派遣兒子參加羅德丞搞的富豪大陸交流團」）。即便如此，書中對香港回歸前後十年的政壇生態演化，以及政局轉變中那些可笑可悲可嘆的所見所聞，依然可以以平實大膽的筆觸娓娓道來，甚至毫不忌諱地批評所短，不得不讓人肅然起敬。

就以羅德丞為例，作者雖然作為他的私人秘書與其共事長達十年之久，受教非淺，但作者在書中並沒有一味的褒

揚，而是通過具體事件勾沉出人物在歷史進程中的真實性格。從羅德丞備戰區議會選舉時因為組織上缺乏章法，只能出動岳母在幕後參與實務和溝通工作，將政黨家庭式經營，到其推銷「一會兩局」方案時因不滿《信報》創辦人林行止的批評文章而設立「鴻門宴」刁難對方，再到競選香港首任特首時搜集競選對手董建華楊鐵梁的「黑材料」，唱衰「董陳配」，作者的行文都未有任何的保留。而對於羅德丞當年放棄英國國籍一事，作者亦理性的分析道：「英國修訂國籍法是在1981年，但羅德丞憤而辭職是在1984年，3年才憤而辭職，在時間上欠缺了一個合理的解釋……羅先生選擇了一個疑點重重的理由（指不滿英國修訂國籍法，把港人拒諸英國門外）去解釋辭職的原因，反而留給人更多的疑問。」

與此同時，作者也毫不掩飾自己對羅德丞行事作風中幹練直爽一面的欣賞，並且舉出羅經常在大清早教授自己分析政經時局，以及獎賞有度的事例，認為羅氏雖然外表冷酷，但內裏卻有溫情的一面，也很懂得惜用人才，是政界少有的奇才，也是一位真正對學問有興趣、有追求的人。

但是羅德丞畢竟在歷史上「沉」了下去，這一點，從書名的「浮沉錄」而非「沉浮錄」，就可略見一斑。對此，作者認為，在政治舞台上，羅德丞的行事霸道、恃才狂傲、好行險著，均來自於他顯赫家族背景之下所薰陶出的政治貴冑之氣。這種政治貴冑性格，從積極的一面看來，錘煉出了羅

德丞高深莫測的政治智慧和靈活權變的政治手腕，但也直接導致了他在政台上難以與異己為伍，也難以為大多數人所容受，以至孤芳自賞，最後只能鬱鬱寡歡地退出香港的政治舞台，成為香港最後一個政治貴族。

甘尚武：從香港到台灣的世紀回憶

　　二十世紀是一個異常動盪的時代，生於這個大時代初，今年已九十多歲的甘尚武，一生充滿了不凡的傳奇色彩，而閱讀他的人生歷程（《世紀巨變九十回顧：從陳濟棠秘書到執掌大馬南順》，香港三聯書店），不僅可以略見中國的悲痛歷史，也可以觀照出一個時代波譎雲詭的歷史側面。

　　甘尚武出生於殖民地時期的香港，在港大就讀時過著貴族生活。1937年甘尚武參加港大學生會組織的大陸觀光團，和同學來到平津考察時恰逢「七七事變」爆發。在天津，同學買來報紙，偌大的標題「日本攻打蘆溝橋」，甘尚武看到很多穿和服的日本婦女在搖旗吶喊，為日軍前往蘆溝橋作戰而歡呼打氣，他為中國土地上發生的這一幕而深感恥辱，同時亦令他蒙生出畢業後返回大陸抗日救國的信念。

　　甘尚武說：「在面對日本人侵略的時候，所有中國人都是團結在一起的，不論你是甚麼樣的出身、黨籍。」因為機緣巧合，港大畢業後回到內地的甘尚武於1939年到達重慶，並擔任起「南天王」陳濟棠（陳濟棠在20世紀30年代統治廣東，集軍權與政權與一身，勢力雄厚、叱吒風雲，足以與當時的中央政府對抗，故而有「南天王」之稱）的機要

秘書，參與抗戰工作。

1945年抗戰勝利後，甘尚武來到台灣投入工商建設，不僅代表國民黨出席了接受日本駐台部隊的投降儀式，也親歷了台灣「二二八」事件。其後甘尚武又先後赴美國、歐洲，並最後在馬來西亞執掌南順集團，取得空前的成功。

儘管作者在書中對其後期創辦南順集團馬來西亞公司著墨甚多，但全書最吸引人的部份，無疑是作者所披露的國民黨守軍從南海島撤島的軍政機密。當然，由於作者撰寫回憶錄時年事已高，加上平日似乎沒有寫日記的習慣，許多事情都只能憑藉記憶，因此難免在一些時間點和事件上會寫得較為含糊（這是很多回憶錄的通病），不過對於我們更加確切地瞭解這段歷史，還是不無幫助的。

1949年底，大陸已全面解放，國民黨政權只剩下台灣與海南兩大島嶼，而出任海南行政長官的，正是作者在重慶期間的舊上司陳濟棠。根據甘尚武所述，陳濟棠出任海南行政長官是由李宗仁所委任，時間是1948年「准海戰役」失利，國民黨失守南京，李宗仁遷都廣州之際。

陳濟棠出任海南行政長官後，就旋即電召還在台灣的甘尚武來海南島，以拓展工業建設發展海南。當時國民黨由廣州撤退下來的數萬大軍，駐守海南島，保衛海南總司令則是由陳濟棠所推薦的廣東省主席薛岳所擔任。薛嶽就職後，修築了一條號稱難以被攻克的「伯陵防線」。據甘尚

武稱，「伯陵防線」佈防以後，在1950年4月的第一次戰役中，確實取得了小規模的勝利，以至於作者在深夜被炮聲驚醒之後，心中也並不感驚慌，因為「知道在海口的『伯陵防線』相當堅固，薛嶽不會輕易放棄。」但沒有過多久，作者就被陳濟棠在某日清晨緊急召見，並被告之林彪部隊下午就將進入海口，要求他迅速撤離，原來在此之前，蔣介石已經下令放棄海南。而據作者觀察，當日的海南各大報章，竟然依舊是大字標題渲染國民黨軍隊的大勝，甚至準備在海口舉行祝捷大遊行。

在撤退的過程中，陳濟棠曾詢問甘尚武是否可以跟隨自己一同前往台灣，因為當時甘尚武的妻子已撤至香港，作者遂提出想先去香港與家人會合後再做打算，而這一別，沒想到就是作者與陳濟棠的永訣（作者與陳濟棠亦兄亦友的關係，可以見證於作者的一段自述。當時作者在與妻子結婚時，陳濟棠曾作為他的證婚人，說過一句話：「幼吾幼以及人之幼」。按照作者的說法，陳濟棠「是以子侄看待我們」）。

對於陳濟棠，儘管史間存在很多負面的評價，但從作者出任其機要秘書的經歷看來，陳濟棠給予作者的形象倒是一位仁慈厚道、樂於助人，且喜歡做實事的軍人。他在廣州主政期間，就曾建立過很多工廠，以發展實業。在重慶擔任農林部部長時，更是多次召開全國農林會議討論增產計劃，同時設立多個大農場和林場，並派出墾荒隊，四出

尋找荒地開墾成耕地，以保證戰時糧食之穩定供應。擔任海南行政長官時，陳濟棠也準備在海南島大力發展經濟建設，雖然由於戰事迫在眉睫的原因，很多計劃都只能被迫擱置一旁，但在作者和陳濟棠的共同努力之下，也曾將海口電力廠發電機運回台灣修理後，再運回海口，使海口重現光明。

1954年，曾經的「南天王」陳濟棠在台灣病逝，得到了蔣介石的厚葬，並率百官公祭。到了1980年，鄧小平在北京接見了陳濟棠的兒子陳樹柏教授，邀請其回國辦學，並題魯迅詩二句以贈：「度盡劫波兄弟在，相逢一笑泯恩仇」（此事由陳樹柏訪鄧後到馬來西亞時親口告訴作者）。

大江東去浪淘盡，千古風流人物。對於人生歷程將近一個世紀的老人來說，甘尚武最大的感觸，莫過於看盡了政局的瞬息變幻、人世的生榮死哀。前半個世紀中國兵荒馬亂、民不聊生，現今的中國卻已成為世界舉足輕重的大國，而那些過去曾何等風光的人物，都是此一時，彼一時，早已淹沒於歷史的記憶碎片之中。再將作者這一單個個體的世紀人生放置於歷史之下，濃縮提煉後，也不過僅僅只有一本書這麼厚，真是讓人唏噓感慨。

陳之藩：沒有人不愛春風

陳之藩1925年出生於河北，先後獲得美國賓夕法尼亞大學科學碩士學位、英國劍橋大學電機哲學博士，曾在美國和台灣多所著名大學從事電機工程教學與研究長達五十年。但他最為世人所津津樂道的，卻是他的散文。

余光中曾在《沙田七友——陳之藩》一文中戲謔陳之藩是「世界上最懶的散文家」。事實上，陳之藩一生中只出版過寥寥數十本散文集，數量很少，但是在台灣《聯合報》副刊評選的二十世紀五十至九十年代「台灣文學經典」中，陳之藩的《劍河倒影》排名卻僅次於梁實秋的《雅舍小品》。他的《謝天》、《失根的蘭花》、《寂寞的畫廊》等多篇散文，也長期被收錄在兩岸三地的中學語文教科書中，早已經成為膾炙人口的名篇，是多年來啟蒙一代又一代年輕學子對文學世界想像的必讀文章。

陳之藩年輕時求知若渴，頻和胡適、沈從文、金岳霖等學者書信往還，甚至因此一度被梁實秋戲稱為Man of Letters（書信之人）。1947年，還在北洋大學電機繫念大三的陳之藩在廣播裏聽到胡適一段題為《眼前文化的動向》的演講，就提筆寫了封長信給胡適，「提出幾件疑問和一點感想」，被胡適隨後在《我們必須選擇我們應走的方向》一文中，作為聽者就其演講的回應專門摘引了出來。陳之藩

在讀到這篇文章後，再度去信（1948年2月28日）。這一次，胡適很快就回復了陳之藩，並在信中告誡，青年一代認識眼前的世界需要培養自己獨立的思考與判斷。就在這一封封書信的來鴻去雁中，陳之藩與胡適的友誼愈釀愈醇厚，並從此成為忘年之交。兩人書信的內容，由讀書時的趣事，到國家的前途興亡，以至「形而上學」的哲學話題，無所不談。難怪也常與陳之藩有通信的董橋曾經總結過，當代深刻認識胡適其人者是他晚年的秘書胡頌平，深刻認識胡適學術思想者是余英時，而深刻認識胡適性情和趣味者，則是陳之藩了。這段時期陳之藩寫給胡適的十三封書信，後來一起收錄於《大學時代給胡適的信》一書中（2005年香港牛津大學出版社）。

1948年，陳之藩從北洋大學畢業，被派到台灣製鹼有限公司工作，後又調至國立編譯館自然科學組擔任編審，認識了時任人文科學組組長的梁實秋。陳之藩隨後又遇到了自己的第一位夫人王節如，他在散文中常常親切地稱呼自己的妻子為「如姐」。在編譯館工作期間，陳之藩雖負責的是自然科學組，但同時也在文藝領域裏翻譯英國的詩歌，這些作品後來收錄於《蔚藍的天》（1977年台北遠景出版社）。

1955年，在胡適的資助下，陳之藩遠赴美國留學，以兩年半的時間獲得了賓夕法尼亞大學科學碩士學位，並在學業間中為聶華苓主編的《自由中國》撰稿，是為《旅美小

簡》(1957年台北明華出版社)。1957年,陳之藩來到田納西州的孟菲斯基督教兄弟大學擔任教職,教學之餘繼續寫作,同時也與胡適保持著通信往來。這個階段亦是胡適最感寂寞的時期,陳之藩有不少機會親近胡適,彼此暢談政治、科學、文學等話題。後來陳之藩把最後一筆借款歸還給胡適,胡適在信中說:「其實你不應該這樣急於還。我借出的錢,從來不盼收回,因為我知道我借出的錢總是『一本萬利』,永遠有利息在人間。」陳之藩看完這封信後,深情地寫道:「想洗個澡。我感覺自己污濁,因為我從來沒有見過這樣澄明的見解與這樣廣闊的心胸」。1962年,胡適在台灣逝世,遠在美國的陳之藩非常悲慟,連寫了九篇紀念胡適的文章,動情地回憶:「並不是我偏愛他,沒有人不愛春風的,沒有人在春風中不陶醉的。因為有春風,才有綠楊的搖曳。有春風,才有燕子的迴翔。有春風,大地才有詩。有春風,人生才有夢。」後來這九篇悼念文章,連同這一時期其他散文,一併收錄於《在春風裏》(1962年台北文星出版社)。

1966年陳之藩任教於休斯敦大學,1969年又到英國劍橋大學學習,以短短一年半的時間取得電機哲學博士學位,並寫下了膾炙人口的《劍河倒影》(1970年台北仙人掌出版社)。陳之藩學成後,曾返回台灣,在台灣大學、清華大學等學校教授計算機結構。他又曾任美國普林斯頓大學副研究員及休斯敦大學教授。 1977年至1984年,他獲香港

中文大學聘請，擔任電子工程系講座教授兼系主任，為中
大首創出電子工程博士制度，以培養電子工業方面的專門
人才。彼時正值台美斷交，身處香港的陳之藩常常對政治
的大風大雨思緒良多。他喟嘆那個時代是「無詩的年代」，
於是用文字留下時代的嘆息，並結集成《一星如月》（1984
年台北遠東圖書公司）。

　　陳之藩曾說，這些早年文章的共同之處，那就是在寂
寞的環境裏，寂寞地寫成的：「我常常感覺到寂寞也許是
一個作者嘔心瀝血時所必有的環境，所必付的代價。」可
以說，大時代的苦悶、異國他鄉的孤寂、四海漂泊的游離，
是支撐陳之藩早期作品的硬核。而這份孤苦，一直持續到
認識第二任妻子童元方。

　　童元方畢業於台大中文系，十六歲那年讀到陳之藩
《寂寞的畫廊》，就感動心儀不已。1985年，陳之藩被波士
頓大學聘為教授，與在哈佛攻讀哲學博士的童元方相遇。
兩人經常在查爾斯河岸邊散步，談詩談文學，心靈非常契
合。童元方在《水流花靜》一書中曾回憶道：「在查爾斯河
邊上，一起凝視眼前急急的逝水，遙望遠天慢慢的流雲，
午餐剛過，就坐在這裏談天，瞬間，天就黑了。於是把奔馳
而過的地鐵站，當作連綿不已的長亭復短亭。」而因為童
元方，陳之藩也找到了戀愛最初的悸動。2002年，時已七
十七歲的陳之藩與比自己年輕三十多歲的童元方結婚，並
一同返回香港中文大學任職，兩人常常於幽靜的校園裏，

一邊散步，一邊說詩，「但不覺得是散步；倒是像在做夢，而在夢中說詩。」因為童元方，陳之藩的散文也開始流露出一種平和而喜悅的情感，並陸續發表結集成《時空之海》（1996年台北遠東圖書公司）、《散步》（2003年台北天下遠見出版社）、《思與花開》（2008年香港牛津大學出版社）。

　　可以在科學與文學的道路上並駕齊驅，陳之藩可謂是那個時代的典範。他的散文至情至性、清澈如水，既保留有中國傳統的精神和風骨，也常常通過翔實的論證，用科學化的方法把繁複的問題抽絲剝繭。「沒有人不愛春風的，沒有人在春風中不陶醉的。」在陳之藩的散文世界裏，我們也常常深感如沐春風。陳之藩曾說，「我想用自己的血肉痛苦地與寂寞的砂石相摩，蚌的夢想是一團圓潤的回映八荒的珠光。」這一個夢想，他透過散文來達成了。

　　在我們不滅的溫馨記憶裏，春風就這樣輕輕的來，又輕輕的去了。

也斯：自甕中張望天地

　　也斯原名梁秉鈞，1948年出生於廣東新會，出生後的第二年即來到香港，從此以香港為家，並將香港作為自己筆下最為重要的題材，書寫一生。

　　也斯的寫作幾乎與香港現代化進程同步，香港在1949年之後的幾個歷史階段，也斯都親歷其間，並通過小說、散文和詩歌來記錄。從這個意義上來看，也斯是地道的香港作家，在他的作品裏貫穿始終的主題是對於香港這個城市的思考，過去與現在，愛戀與苦恨，幻想與真實，文化生活與價值觀，都是香港的。

　　1967年，香港發生左派暴動，動亂促使港英政府開始施行一系列改革，推動香港本土民生的改善。1969年，也斯從浸會學院英文系畢業，任專欄作家、中學教師。1970年代，也斯開始參與編輯《中國學生週報》，直至1974年該報停刊為止。《中國學生週報》創刊於1952，是香港六、七十年代一份廣受歡迎的文學綜合刊物，很多本土作家都是由這份刊物直接或間接培養出來的。香港經濟在這一時期的成功轉型與騰飛，讓香港迅速發展成為一座舉世矚目的國際化大都會，香港人過往在「借來的時間、借來的地方」討生活的難民心態也隨之發生了重大的轉變，對本土社會的歸屬感漸次增強，進而發展成為一種身份的認同。

在這樣的背景下，也斯於1978年推出了自己的成名代表作詩集《雷聲與蟬鳴》，通過一系列對城市場景式的白描，刻劃出七十年代香港人在新舊交替中的本土文化記憶。

1978年，也斯赴美攻讀研究生，期間寫了小說《島和大陸》，描述不同地方中國人的故事。1984年，也斯從加州大學聖地亞哥分校獲得比較文學博士學位，之後即返回香港，在香港大學任教比較文學教職，從事文學教育工作，出版作品《遊詩》。八十年代後期，香港前途問題開始被反覆論及，香港人不得不直面未來的種種不確定，這種不確定性在九七回歸之前達到頂點。在此城集體觀望和焦慮的心態下，也斯於1995年連續推出了兩本詩作《游離的詩》和《半途：梁秉鈞詩選》。1997年，也斯轉至嶺南大學任教，對香港本土文學、文化的發展與推廣傾注了極大的熱情，並相繼編寫出《香港的流行文化》、《香港文化》、《香港文學與電影》、《六〇年代剪貼冊》等書。「香港的故事為甚麼難說？」的說法，也反覆為人所引用。與此同時，也斯也繼續通過小說的形式講述回歸之後香港人的故事，「中間會有一些微妙的變化，有一些是個人的，也有一些是社會上的」，後來集結成《後殖民食物與愛情》。2010年，也斯獲得香港藝術家年獎，2011年出版了自己最後一部作品《人間滋味》，並主編《香港當代作家作品合集選》。2012年，也斯又獲頒香港書展年度作家，以及誠品推選的香港十大作家，以表彰他對香港本土文學所做出的巨大貢獻。

　　也斯曾在專欄中慨嘆：「為甚麼大家都不寫香港這都市、還沒有一本香港都市的作品呢？」本土文化不受重視，但總要有人去做些甚麼，去觀看這座城市的人與情，去講述屬於這座城市的點點滴滴。於是在也斯的香港敘述中，經常會出現舊時香港的瑣碎景象與人物，以及所捕捉的香港一些典型或者不典型的人物和地方。例如柴灣的一棵榕樹，北角的一間食貨舖，小說家劉以鬯的一次創作衝動，然後通過可能並不顯眼的日常生活描寫，從細微中讓讀者去感受香港的面貌。用也斯自己的話說，就是「一個人沒法無窮盡地羅列一切，何況香港又是出了名的變幻無常。我只好提供一些觀看的方法，嘗試一些描述的角度。」同時，也斯的香港，也是一個三維度的香港，加入了時間這一重要元素。例如，也斯曾將與自己一樣成長於六、七十年代，在種種混雜文化背景下汲取營養的香港文化人譬喻為「我們都是從甕中長大」，並且進一步指出：「在香港長大，其實也是在種種限制中長大。因為限制特別明顯，也分外自覺去超越它。幸好甕口總可以張望天地，甕內也有寬大的圓腹。」也斯在重現他們這一代對香港文學和文化的貢獻時，也將「甕」的概念流線化，甕的體積在時間的長軸上愈來愈大，而甕中人的呼喊和抗爭卻愈來愈弱小：「香港作為寫作的環境的確愈來愈不理想，要發表不同想法愈來愈難。香港是我的家，寫作是我的本行，但我的家好像也變成一個陌生的地方，找一個地方說想說的話也不是那麼容易了。」

也斯沉浸於香港的瞬間意象，再演化成故事，娓娓道來。一個人的力量是微小的，香港的城市外貌老被經濟所支配，香港人的記憶老被媒體所淹沒，也斯不過是在想：「那些小路旁邊的事物，那些沒有放大登上報刊頭版的人，也許也有他們值得聽聽的故事呢。」